NOTICE

DES PRINCIPAUX ARTICLES

DE LA BIBLIOTHEQUE

De Feu M. le Comte de SAINT MORYS,

Maréchal de Camp, Lieutenant des Gardes du Corps du Roi,
Chevalier de Saint-Louis et Officier de la Légion d'Honneur.

*Dont la Vente se fera le lundi 12 Janvier 1818,
et jours suivans, à onze heures précises du
matin, en sa maison, rue de Seine, fauxbourg
Saint-Germain, n°. 10.*

Se distribue **A PARIS,**

Chez MM. {
De Buré frères, Libraires du Roi, et de la Biblio-
théque du Roi, rue Serpente, n° 7 ;
Benou, Commissaire-priseur, rue Taranne, n° 11.

DE L'IMPRIMERIE DE CRAPELET.

1818.

*Les Livres seront exposés dans l'ordre suivant,
à onze heures du matin.*

Première vacation, le lundi 12 janvier 1818.

Les N°s XXX, XXXI, XXXII, XXXIII, IX, I, II.

2e vacation, le mardi 13.

Les N°s XVIII, XIX, XX, XXI, XXII, XI, IV, VI.

3e vacation, le mercredi 14.

Les N°s XXV, XXIII, XXIV, III, XLVIII, XII.

4e vacation, le jeudi 15.

Les N°s XXVIII, XXIX, XXVI, XXVII, XXXIV, XXXV, XVI, VIII.

5^e vacation, le vendredi 16.

Les N°s XXXVIII, XXXVI, XXXVII, V, XV, LVIII.

6e vacation, le samedi 17.

Les N°s XLI, XXXIX, XL, XIII, VII.

7e vacation, le lundi 19.

Les N°s LIV, LV, XLII, X, LXVI, L, LI, LX, XLVI, LIII.

8e vacation, le mardi 20.

Les N°s LXIX, LXIV, LXI, LXII, LXIII, XLIX, LII.

9e et dernière vacation, le jeudi 22.

Les N°s LIX, LVI, LVII, XIV, XVII, XLIII, XLIV, XLV, XLVII, LXV, LXVII, LXVIII.

On vendra, au commencement de chaque Vacation, beaucoup de bons livres que le temps n'a pas permis de détailler.

La Vente des Tableaux, Marbres, Bronzes, Vitraux en couleurs, et autres objets de curiosité ayant formé le Cabinet de M. le Comte de Saint Morys, aura lieu le 26 janvier 1818, et l'exposition sera publique les 24 et 25 du même mois. Le Catalogue se distribuera chez MM. Benou, Commissaire-priseur, rue Taranne n° 11 et Ch. Paillet, appréciateur d'objets d'Arts, rue Grange-Batelière, n° 24.

gaté.

giroð.

mcquignon j^r

pouplin

mcquignon j^r

pouplin

pouplin

giroð.

idem

idem

Warin ainé.

P.

NOTICE

DES PRINCIPAUX ARTICLES

DE LA BIBLIOTHÉQUE

De Feu M. le Comte de SAINT MORYS.

N° I. 20 *vol. in-fol. reliés*, dont :

Histoire de Lorraine, par dom Calmet. *Nancy,* 10 - 90.
1728, 3 *vol. v. b.*
Baluzii Capitularia regum Francorum. *Parisiis,* 14 - 25.
1780, 2 *vol. v. m.*
Aristotelis Opera, gr. et lat. ed. Duval. *Parisiis,* 10.
1629, 2 *vol. v. b.*
De Re diplomatica Libri sex, cum Supplemento, 20.
auct. Mabillon. *Parisiis,* 1709, 1 *vol. fig. v. b.*
L'Art de la Guerre, par le maréchal de Puységur. 7 - 15.
Paris, 1748, 2 *vol. fig. v. m.*
Dictionnaire hist. et critique, par Bayle. *Rotterdam,* 9 - 85.
1697, 2 *vol. v. b.*
Œuvres diverses du même. *La Haye,* 1727, 4 *vol.* 10 - 5.
v. b.
Calepini Dictionarium. *Lugduni,* 1663, 2 *vol.* 3 - 80.
v. b.

N° II. 18 *vol. in-fol. rel.* dont :

Histoire de la ville de Paris, par Felibien, et pu- 15 - 80.
bliée par Lobineau. *Paris,* 1725, 5 *vol. fig. v. b.*
Histoire générale de Bourgogne, par dom Plan- 26 - 65.
cher. *Dijon,* 1739, 4 *vol. fig. v. m.*
Histoire de l'Abbaye royale de Saint-Denys, par 10.
dom Felibien. *Paris* 1706, 1 *vol. fig. v. b.*

A

1..50 Les Annales d'Aquitaine, par J. Bouchet. *Poitiers*, 1644, 1 *vol. vél.*

3 – – Histoire de la ville et comté de Valenciennes. 1 *vol.* = Histoire de Guillaume III, par Chevalier. *Amst.* 1692, 1 *vol. fig. v. b.*

5 – – – Histoire de Provence, par de Gaufridi. *Aix*, 1694, 1 *vol. v. b.*

2 – – – Description de la France, par de Longuerue. *Paris*, 1719, 1 *vol. v. m.*

N° III. 18 *vol. in-fol. rel.*

4 – – – Relation des Voyages de Melchisedech Thevenot. *Paris*, 1663, *fig. Les trois premières parties.*

4 – 95 Scapulæ Lexicon, gr. et lat. *Aurel. Allobr.* 1609, 1 *vol.*

6..65 Stirpium Icones et sciagraphia, auct. Chabræo. *Genevæ*, 1666, 1 *vol fig.* = Fuchsius de Historia stirpium. *Basil.* 1542, 1 *vol. fig. v. b.*

8..95 Ciceronis Opera. *Parisiis*, 1566, 2 *vol. v. b.*

2 – – – Alphabetum tironianum, edent. Carpentier. *Lut. Paris.* 1747, 1 *vol. v. m.*

3..55 Mensonis Alting notitia Germaniæ inferioris antiquæ. *Amst.* 1697, 1 *vol. fig. vél.*

4..5 Chronique ancienne et moderne de Hollande, par Fr. Le Petit. *Dordrecht*, 1601, 2 *vol. fig. vél.*

6 – – 5 Valesii notitia Galliarum. *Parisiis*, 1675, 1 *vol. v. b.*

5..65 Les Rêveries du maréchal de Saxe. *La Haye*, 1756, 1 *vol. fig. v. b.*

1..50 Le mareschal de Bataille, par de Lostelneau. *Paris*, 1647, 1 *vol. fig. v. b.*

N° IV. 27 *vol. in-fol. et in-4. dont :*

24..5 Amadis de Gaule. *Paris*, 1548, 4 *vol. in-fol. v. f.*

13 – 95 Chroniques de Froissart. *Paris*, *Vérard*, 4 *tom.*

pouplin

planch~

pierro.

p.

pouplin

Ludet.

Meilhac.

pouplin

Martin

Meilhac.

Brunaud.

yaleriur. Rol.

Brunaud.

p.

avec un fllet manuscrit.
le tom. 3 tois piqué.

girod

Rey.

potey.

martin

yermandoer. Cap. Roll.
Amiens. Cap. Rol.

Rennes soissons. Rol.

versailles. Rol.

Marie ainé.

P.

Memoires. Rol.

Brunaud

en 3 *vol. in-fol. goth. v. b.* Le tome second est imparfait.

Historia et Sigilla Comitum Flandriæ, auct. Oliv. Vredio. *Brugis Flandrorum*, 1650, 4 *vol. in-fol. vél.* 8 - 60.

Nouveau Traité de Diplomatique, par deux béné-dictins. *Paris*, 1750, 6 *vol. in-4. fig. v. m. Gr. Pap.* 100 - -

Histoire de la Milice françoise, par le P. Daniel. *Paris*, 1721, 2 *vol. in-4. fig. v. b. Gr. Pap.* 15.

Histoire de Polybe avec le Commentaire de Folard. *Paris*, 1727, 6 *vol. in-4. fig. v. b.* 46 - 50.

N° V. 34 vol. in-4. rel.

Traité des Coutumes anglo-normandes, et an-ciennes loix des François, par Houard. *Paris*, 1766 et 1776, 6 *vol. v. m.* 15.

Histoire de la province de Vermandois, par Col-liette. *Cambrai*, 1771, 3 *vol. v. m.* 11 - 95.

Histoire de la ville d'Amiens, par Daire. *Paris*, 1757, 2 *vol. v. m.* 10. 95

Histoire de la ville de Rouen. *Rouen*, 1731, 2 *vol. v. b.* = Histoire de la ville de Soissons, par Dormay. *Soissons*, 1663, 2 *vol. v. b.* 8 - 5 -

Versailles immortalisé. *Paris*, 1720, 2 *vol. fig. v. m.* 10. 95

Le Droit de la Guerre et de la Paix, traduit du latin de Grotius. *Amst.* 1729, 2 *vol. v. m.* 9 - 50.

La Science du Gouvernement, par de Réal. *Paris*, 1765, 8 *vol. v. m.* 19 - 50

Mémoires concernant l'Histoire d'Auxerre, par l'abbé Le Bœuf. *Paris*, 1743, 2 *vol. v. m.* 10. 95.

Pièces fugitives pour servir à l'Histoire de France. *Paris*, 1759, 3 *vol. v. m.* 8.

A 2

N° VI. 36 *vol. in-4. rel,* dont :

17 - - 5   La Physique des arbres, par Duhamel du Monceau. *Paris*, 1758, 2 *vol. fig. v. f.*

10 - - -   Des Semis et Plantations des Arbres par le même. *Paris*, 1760, 1 *vol. fig. v. éc.*

50 - - -   Histoire littéraire de la France, par des Religieux bénédictins. *Paris*, 1733, 11 *vol. v. f.*

14 - - 9 5   Les Bibliothéques françoises de La Croix du Maine et de Duverdier. *Paris*, 1772, 6 *vol. v. éc.*

66 - - 50   Monde primitif, par Court de Gébelin. *Paris*, 1781, 9 *vol. bas.*

5 - - 10   Histoire de la Vie de Henri IV, par de Bury. *Paris*, 1765, 2 *vol. v. m.*

4 - - 25   Histoire des Guerres civiles de France, par Davila. *Amst.* 1757, 3 *vol. v. m.*

N° VII. 35 *vol. in-4. rel.* dont :

3 - —   Traité des Chiffres, par de Vigenère. *Paris*, 1586, *fig. v. m.*

2 - —   L'Ordre naturel et essentiel des Sociétés politiques. *Paris*, 1767, 1 *vol. v. éc. Gr. Pap.*

2 - 30   Thrésor des Langues de cet univers, par Duret. *Yverdon*, 1619, *v. b.* = Discours préliminaire du Nouveau Dictionnaire de la Langue françoise, par Rivarol. *Paris*, 1797, *dem. rel.*

4 - 95   Histoire de Foix, Béarn et Navarre, par Olhagaray. *Paris*, 1609, 1 *vol. v. b.*
Histoire du comté d'Évreux. *Paris*, 1722, 1 *vol. v. m.* = Histoire de la ville de Coucy, par Duplessis. *Paris*, 1728, 1 *vol. v. f.*

8 - -   J. J. Chiffletii Vesontio Civitas libera. *Lugduni*, 1650, *v. b.*
Métrologie, par Paucton. *Paris*, 1780, 1 *vol. v. m.*

2 - - 50   Recueil des Rois de France, leur couronne et maison, par Du Tillet. *Paris*, 1618, *v. m.*

Simonnet.

idem

meilhac.

plancho

nicol-

. Rollin.

girod.

p.

pouplin

crozet.

le 1er imparfait.

Lefeburc

planche

pierre

idem

m. huzard

Caillard

gregoire pere

truchy

pouplin

Brunand.

hilaire

pouplin

Warée L'ainé

gab. warée

chimot.

Dans la Carte –

Monsieur guil. forgatés

Rey.

Description de l'isle de Corse, par Bellin. *Paris,* 3 . .
1769, *fig. v. m.*

Traité de la Noblesse, par de La Roque. *Rouen,* 4 - - 9⁵
1734, *v. m.*

Les Blasons des armes de la royale maison de 5 - - 60
Bourbon, par le même. *v. b.* avec les Blasons
coloriés.

Traité de Vénerie, par de Champgrand. *Paris,* 4 - - 5
. 1769, 1 *vol. fig. v. m.*

Mémoire sur la Musique des anciens, par Roussier. 2 .
Paris, 1770, *v. m.* = Théorie de la Musique,
par Ballière. *Paris,* 1764, *v. m.*

Notice de l'ancienne Gaule, par d'Anville. *Paris,* 4 .
1760, *bas.*

Traité historique des Monnoies de France, par Le 8 - - 6⁵
Blanc. *Amst.* 1692, *fig. v. b.*

Plans et Profils des principales villes de Flandre. 4 - - 2⁵
1 *vol. oblong. v. f.*

Contes moraux et Idylles, par Gessner. *Zuric,* 4 - - 5
1773, 1 *vol. fig. dem. rel.*

Traité philosophique des Loix naturelles, par 2 - 40
Cumberland. *Amst.* 1744, 1 *vol. v. b.*

Le Parfait Maréchal, par Garsault. *Paris,* 1755, 6 - - 9⁵
1 *vol. fig. v. b.*

N° VIII. 19 vol. in-folio, reliés.

L'Antiquité expliquée, par Montfaucon. *Paris,* 6⁵
1722, 10 *vol. fig. v. b. Gr. Pap.*

Les Monumens de la Monarchie françoise, par 180
le même. *Paris,* 1729, 5 *vol. fig. v. b.*

Atlas méthodique, par Buy de Mornas. *Paris,* 19 - - 9⁵
1761, 4 *vol. cart.*

N° IX. 34 vol. in-4. reliés.

Dictionnaire de la Noblesse, par Lachenaye des 60 - - 9⁵
Bois. *Paris,* 1770, 12 *vol. dem. rel.*

A 3

(6)

18 - - - Histoire universelle de Jacq. Aug. de Thou. *Londres*, 1724, 16 *vol. v. m.*

2 - - - Corn. Pauli Hoynck van Papendrecht, Analecta Belgica. *Hag. Com.* 1743 ; 6 *vol. v. b.*

N° X. 26 *vol. in-4. reliés.*

14 - - - Histoire de Malte, par de Vertot. *Paris*, 1726, 4 *vol. v. j.*

12 - 5 Histoire de la Maison de Bourbon, par Désormeaux. *Paris*, 1772, 5 *vol. fig. v. m.*

25 - 9 5 Histoire du règne de Louis XIV, par Reboullet. *Avignon*, 1744, 3 *vol. v. éc.*

5 - 3 5 Histoire critique de l'établissement de la Monarchie françoise dans les Gaules, par Dubos. *Paris*, 1734, 3 *vol. v. b.*

3 - 9 5 Histoire des Guerres d'Italie, par Guichardin, trad. de l'italien. *Londres*, 1738, 3 *vol. v. m.*

9 - 8 5 Histoire de Naples, par Giannone, trad. de l'italien. *La Haye*, 1742, 4 *vol. v. m.*

8 - 9 5 Histoire de Charles XII, roi de Suède, par Nordberg. *Amst.* 1748, 3 *vol. dem. rel.*
Mémoires concernant Christine, reine de Suède. *Amst.* 1751, 2 *vol. dem. rel.*
Histoire de Gustave Adolphe, roi de Suède. *Amst.* 1764, 1 *vol. dem. rel.*

N° XI. 24 *vol. in-4 rel.* dont :

20 - - - Recueil de Chansons en vaudevilles. Manuscrit sur papier. 8 *vol. v. j.*

9 - - - Dictionnaire italien-françois, par Antonini. *Lyon*, 1770, 2 *vol. bas.*

4 - 9 5 — Le même Dictionnaire, par Veneroni. *Venise*, 1756, 2 *vol. dem. rel.*

4 - 60 Les Œuvres d'Alain Chartier. *Paris*, 1617, 1 *vol. v. m.*

3 - - - Histoire du royaume de Majorque, par d'Hermilly. *Maestricht*, 1777, *v. éc.*

warié ainé.
Rollin

pierre
pierre.
planche
~~warié ainé~~
Rollin
warié ainé.
parquet

lefebure -   gaté.

planche
warié ainé.
idem
planche   mouillé.
p.

un vol. taché.

statistique. C.

~~tite.~~ C.

onpnek'hat. chez.

pouplin

pierre
gab. marié
martin

ludet
martin
Lefebvre

bruahy
Brunard.
grigoin fils
chimot.

m. de gaudichard.

pouplin

Plans et Cartes des villes de l'Artois et de la Cata- *7 - 20*
logne , par de Beaulieu. 2 *vol. fig. oblong. v. b.*

N° XII. 19 *vol. in-folio*, dont :

L'Art de vérifier les Dates. *Paris,* 1770 , 1 *vol.* *23 - 80.*
v. m.

Histoire de France par Mézerai. *Paris, Guillemot,* *120.*
1646 , 3 *vol. v. f.* Exemplaire avec le titre et
la dédicace au règne de Henri IV.

Sam. de Pufendorf Res gestæ Friderici Wilhelmi *4* .
magni. *Berolini,* 1695 , *vél.*

Statistique des départements de l'Indre et des *5 - - - D*
Deux Sèvres. *Paris, an* XII , 2 *vol. cart.*

Histoire générale des Drogues, par Pomet. *Paris,* *2 - 20.*
1695, 1 *vol. fig. parch.*

Auberti Miræi Opera diplomatica et historica. *14.*
Lovanii, 1723 , 4 *vol. v. m.*

Œuvres d'Estienne Pasquier. *Amst.* 1723 , 2 *vol.* *10.*
cart.

N° XIII. 25 *vol. in-4. broc.* dont :

Vite de Pittori, Scultori e Architetti Genovesi, *12.*
di R. Soprani. *In Genova,* 1768 , 2 *vol. fig. br.*

Principes de la Philosophie naturelle, par ma- *4.*
dame du Chastellet. *Paris,* 1759 , 2 *vol. fig. br.*

Mémoires militaires sur les Grecs et les Romains, *7 - 95.*
par Guischardt. *La Haye,* 1758 , 2 *vol. fig. br.*

Oupnek'hat, seu Theologia et Philosophia indica, *15.*
auct. Anquetil Duperron. *Argentorati,* 1801 ,
2 *vol. br.*

Voyages dans l'intérieur de l'Afrique, par Hough- *5 - 10.*
ton et Mungo-Park , trad. de l'anglois. *Paris,*
an VI , 1 *vol. cart. Pap. Vél.*

Voyage de Néarque, trad. de l'angl. par Billecocq. *6.*
Paris, an VIII , *cart. fig.*

Métrologie, par Romé de Lille. *Paris,* 1789 , *3 - - - D.*
1 *vol.*

4--10 { J. R. Spielmann Pharmacopœa generalis. *Argentorati*, 1783, 1 *vol.*
Essai sur l'Application de l'analyse à la probabilité des décisions, par Condorcet. *Paris*, 1785, 1 *vol.*

9 - - - Descriptions pittoresques de jardins du goût le plus moderne. *Leipzig*, 1802, *fig.* = Description du Port près de Lindau sur le lac de Constance, par Wiebeking. *Munich*, 1812, *fig.*

N° XIV. 23 *vol. in-4. reliés.*

4..65 Histoire du Traité de Westphalie, par le P. Bougeant. *Paris*, 1767, 3 *vol. dem. rel.*

14..60 Mémoires du baron de Tott sur les Turcs et les Tartares. *Amst.* 1785, 2 *vol. fig. v. éc.*

4..80 Description de l'Arabie, par Niebuhr. *Paris*, 1779, 2 *tom. en* 1 *vol. fig. v. m. Gr. Pap.*

2--70 Les Intérêts présens des puissances de l'Europe, par Rousset. *La Haye*, 1726, 3 *vol. cart.*

3 - - - { Histoire de l'Empire othoman, par Démétrius Cantimir. *Paris*, 1743, 2 *tom. en* 1 *vol. v. m.*
Les Observations de plusieurs singularités trouvées en Grèce, par Belon. *Paris*, 1588, *fig. v. b.*

2- - Description géograph. de la Guiane, par Bellin. *Paris*, 1763, , *fig. v. m.*

3 - - - Discours sur l'Histoire universelle, par Bossuet. *Paris, Cramoisy*, 1681, 1 *vol. v. b.*

15 - - - Histoire philosophique, par Raynal. *Genève*, 1775, 4 *vol. v. éc.*

4 - - - Historia critica comitatus Hollandiæ et Zeelandiæ, auct. Ad. Kluit. *Medioburgi*, 1777, 4 *vol. cart.*

D 5 -95 Moshemii Institutiones Historiæ ecclesiasticæ. *Helmstadii*, 1764, 1 *vol. v. m.*

N° XV. 18 *vol. in-4. br.*

69..95 Mémoires de l'Institut, classe de Littérature et

le febure

pr chazard.

pic.
marie ainé.
girod.
Rollin

pouplin

caillean

gregoire pere.
le clerc.

pouplin

le Melon mouillé et impart de deux grandes cartes

Mortemirs. duy. Rol.

Blanc.

rapport. of. cher.

blanc.

nicolo

martin

historien. Cap.   meilhac.

hachette rendu imparfait - 3 planches 8..60   Brunard.
                                                ~~Blanc.~~

                                                Brunard.

                                                [illegible]

                                                Le clerc.

                                                J.
imparfait de l'atlas.   Brunard.

                                                pillet

                                                potry

Beaux-Arts, et Sciences morales et politiques.
Paris, an IX, 10 vol.

Rapports sur les Prix décennaux. *Paris,* 1810,
broché.

Notices et extraits des Manuscrits de la Bibliothèque du Roi. *Paris,* 1787, 8 *vol. rel. et br.* —
Il manque le tome 4.

N° XVI, 25 vol. in-4. broc. dont :

Traité des Bêtes à laine, par Carlier. *Paris,* 1770,
2 *vol.*

Commentaires sur les Institutions militaires de
Vegece. *Paris,* 1783, 2 *vol. fig.*

Histoire du duché de Valois. *Paris,* 1764, 3 *vol.*

Catalogue des Médailles de M. Dennery. *Paris,*
1788, 1 *vol.*

Traité élémentaire des Machines, par Hachette.
Paris, 1811, *fig.*

Règles des cinq Corps d'architecture de Vignole.
Paris, 1797, *fig.* = Traité de la Coupe des
pierres, par Simonin. *Paris,* 1792, *fig.*

L'Architecture soumise au principe de la nature
et des arts. *Paris,* 1804, *fig.*

N° XVII. 24 vol. in-fol. et in-4. dont :

Biblia sacra, cum notis Vatabli. *Parisiis,* 1729,
2 *vol. in-fol. v. éc.*

L'Histoire de Thucydide, translatée par Cl. de
Seyssel. *Paris,* 1527, *in-fol. v. f.*

Description des Alpes grecques et cottiennes, par
Beaumont. *Paris,* 1802, 2 *vol. in-4. fig. br.*

Dictionnaire allemand d'Heinsius. *Leipsich,* 1812,
2 *vol. in-4. v. rac.*

N° XVIII. 51 vol. in-8. rel.

Dictionnaire des Antiquités romaines. *Paris,*
1766, 3 *vol.*

24 -- Constitutions des principaux États de l'Europe, par de La Croix. *Paris*, 1791 , 6 *vol.*

2. 6'5 Description des Alpes, par Bourrit. *Genève*, 1781, 3 *vol.*

4.. 30 Viaggi alle Due Sicilie di Laz. Spallanzani. *In Pavia*, 1792 , 4 *vol.*

2..60 Voyage du marquis de Chastellux dans l'Amérique septentrionale. *Paris*, 1786, 2 *vol.*

1--50 Voyage en Toscane, par Tozetti. *Paris*, 1792 , 2 *vol.*

9 40 De la Monarchie prussienne par Mirabeau. (*Paris*), 1788, 8 *vol. in*-8. *et Atlas in-fol. dem. rel.* — Il manque le tome premier. ~~à être au~~ *conplet*

11--5 Campagnes des François en Italie, par Desjardins. *Paris*, *an* VI, 6 *vol. in*-8. *cart.*

17 --- Catalogue de la Bibliothéque du duc de La Val- lière, première et seconde parties. *Paris*, 1783, 9 *vol. bas.*

7--5 Decamerone di Boccaccio. *In Parigi*, 1781, 5 *vol. bas.*

Nº XIX. 55 *vol. in*-12 *rel.*

7--20 Vie du maréchal de Villars. *Paris*, 1784, 4 *vol. v. éc.*

9--5 Mémoires politiques et militaires du maréchal de Noailles. *Paris*, 1777, 6 *vol. bas.*

5--- Mémoires de l'abbé de Montgon. 1750, 9 *vol. dem. rel.*

2-- Lettres choisies de Guy Patin. *Roterdam*, 1725, 5 *vol. v. b.*

2-- Journal historique de la Révolution opérée dans la Constitution de la monarchie françoise, par de Maupeou. *Londres*, 1775, 7 *vol. v. m.*

3--95 Dictionnaire des Portraits historiques des Hommes illustres. *Paris*, 1768, 3 *vol. bas.*

13..95 Mémoires et Lettres de madame de Maintenon. *Amst.* 1755, 15 *tomes en* 8 *vol. v. m.*

pierre Rouget

meilhac .   2 vol · Dem · rd · le tome 3 · Vean

Lefebure

p

p .

planche

Rey

Mᵉ Le Noir .

Warie ainé .

Rey

p .

p .

p .

Mᵉ De Saint Morys .

pouplin   dictionnaire . C .

M^e De l'echange

p.

p.

pouplin
brande
piotey
p.

p.

p.

p.
nicol.

p.

p.
potey
idem

odes. C.

Histoire de Bertrand Du Guesclin. *Paris*, 1767,   *4 - 95*
2 *vol. v. m.*

Histoire générale des Pays-Bas. *Bruxelles*, 1743,   *2*
4 *vol.* == État présent des Provinces-Unies. *La
Haye*, 1755, 2 *vol. v. m.*

Élémens d'Histoire moderne, par l'abbé Millot.   *8 - 50*
Paris, 1802, 5 *vol. v. éc.*

N° XX. 48 *vol. in-12.*

Recueil général des Opéra. *Paris*, 1703, 16 *tomes*   *5*
rel. en 17 *vol. v. f.*
Œuvres de Saint-Réal. *Paris*, 1757, 8 *vol. v. m.*   *7 - 5*
Œuvres de Saint-Évremond. 1753, 12 *vol. v. m.*   *15*
L'Espion Anglois. *Londres*, 1779, 4 *vol. v. m.* --   *2 - 5*
Odes d'Anacréon en grec et en françois. *Paris*,   *5 - 95*
Didot, 4 *vol. fig. cart.*
Œuvres de Valentin Duval. (*Paris*), *Cazin*, 1785,   *4 - 45*
3 *vol. in-*18. *v. éc.*

N° XXI. 54 *vol. in-12.*

Histoire des Révolutions romaines, par de Vertot.   *5 - 10*
Paris, 1752, 3 *vol. v. m.*==Discours et Réflexions
sur le gouvernement de l'ancienne Rome. *Paris*,
1784, 2 *vol. v. m.*
Histoire de l'empereur Charles VI, par Lalande.   *3 - 5*
La Haye, 1742, 6 *vol. vél. vert.*
Mémoires pour servir à l'Histoire universelle de   *3*
l'Europe, par d'Avrigny. *Paris*, 1757, 5 *vol.
v. m.*
Recueil des Voyages qui ont servi à l'établissement   *4 - 95*
de la Compagnie des Indes. *Amst.* 1702, 7 *vol.
fig. v. b.*
Recueil de Voyages au Nord. *Amst.* 1716, 3 *vol.*   *2*
fig. v. b.
Voyages de Struys en Moscovie. *Amst.* 1720, 3 *vol.*   *4 - 5*
fig. v. b.
Voyage de Dellon. *Cologne*, 1711, 3 *vol. v. b.*   *3*

= Voyage de Syrie et du Mont Liban , par La Roque. *Paris*, 1722, 2 *vol. fig. v. b.*

— Le Voyageur d'Europe, par Jouvin. *Paris*, 1672, 6 *vol. fig. v. b.*

— Nouveaux Mémoires de Nodot, ou Observations faites pendant son voyage d'Italie. *Amst.* 1706, 2 *vol. fig. v. b.* = Journal d'un Voyage fait à Rome en 1773. *Paris*, 1783, 2 *vol. bas.*

— Voyages de La Hontan dans l'Amérique septentrionale. *La Haye*, 1704, 2 *vol. fig. bas.* = Histoire des isles Antilles de l'Amérique, par de Rochefort. *Lyon*, 1667, 2 *vol. dem. rel.*

— Histoire géographique et physique de la Hollande, par Le Franq de Berckhey. *Bouillon*, 1781, 4 *vol. dem. rel.*

N° XXII. 47 *vol. in-8.*

— Révolutions de Paris, par Prud'homme. 9 *vol. in-8. bas.*

— Voyage philosophique d'Angleterre. 1787, 2 *vol. dem. rel.* = Lettres de Coxe sur la Suisse. *Paris*, 1781, 2 *vol. dem. rel.*

— Mémoires historiques sur la Russie, par Manstein. *Lyon*, 1772, 2 *vol. dem. rel.* = Histoire de la Guerre des Russes contre les Turcs, par de Kéralio. *Paris*, 1780, 2 *vol. bas.*

— Correspondance de M. de Montalembert avec le marquis d'Havrincour. *Londres*, 1777, 3 *vol. dem. rel.*

— Histoire des Révolutions de Pologne. *Paris*, 1778, 2 *vol. bas.*

— Mémoires historiques sur Pie VI. *Paris*, *an VII*, 2 *vol. dem. rel.* = Vie du cardinal d'Ossat. *Paris*, 1771, 2 *vol. v. m.*

— Nosographie philosophique, par Pinel. *Paris*, 1802, 3 *vol. dem. rel.*

— Dictionnaire comique, par Le Roux. *Amst.* 1750, *v. m.*

p.

Rouget.

Rollin

meilhac.

p.

Lefebure

Rouget

Acy

planche

gab. waré

pouplin

Rouget.

nosographie. dry.

avec des observ. sur les pyrénées.

gab. waric
p.
pouplin
girod.
Rey.
planche.

Simonnet.
pouplin

Simonnet.

pouplin

meilhac.

gregoire fils.
Mc Le noir.

p.
brunaud.

Mémoires et Lettres du maréchal de Tessé. *Paris*, 1806, 2 *vol. dem. rel.*   3 - 95

Histoire du Philosophisme anglois, par Tabaraud. *Paris*, 1806, 2 *vol. bas.*   5

Rapport sur les Troubles de Saint-Domingue, par Garran. *Paris*, *an* v, 4 *vol. bas.*   6

L'Industrie ou les Principes du Commerce réduits en pratique. *Paris*, 1761, 5 *vol. fig. dem. rel.*   2 - 60

Essai de Tactique, par de Guibert. *Liége*, 1775, 2 *vol. v. m.*   6 - 95

Histoire de Hesse, par Mallet. *Paris*, 1767, 2 *vol. bas.*   3 · 50

N° XXIII. 39 *vol. in-8.*

Traité de la Connoissance des grains, par Beguillet. *Paris*, 1775, 4 *vol. v. m.*   10

Minéralogie, par Valmont de Bomare. *Paris*, 1774, 2 *vol. bas.* = Minéralogie des Volcans, par Faujas de Saint-Fond. *Paris*, 1784, *br.*   4

Méthode pour tracer des Cadrans solaires, par de La Prise. *Caen*, 1781, *fig. bas.* = Les Règles du dessin et du lavis, par Buchotte. *Paris*, 1755, *fig. bas.*   3

Essai sur l'Hygrométrie, par de Saussure. *Neuchâtel*, 1783, *fig. bas.* = Description des Glaciers de Savoie, par Bourrit. *Genève*, 1773, *fig. dem. rel.*   1 - 50

Mémoire sur la manière de rassembler et conserver les diverses curiosités d'histoire naturelle. *Paris*, 1758, *fig. v. m.*   2 - 60

Traité des Diamans et des Perles, par Jeffries. *Paris*, 1753, *fig. v. f.*   8 - 50

Traité de la Construction des Chemins, par Gautier. *Paris*, 1755, *fig. dem. rel.*   3

Dictionnaire lyrique portatif, par Dubreuil. *Paris*, 1766, 2 *tomes en* 1 *vol. v. rac.*   1 - 85

Moyse considéré comme législateur et comme   5 - 20

moraliste, par M. de Pastoret. *Paris*, 1788, *v. m.*

3..95 De la Passion du jeu, par Dusaulx. *Paris*, 1779, *v. m.*

11--- Dictionnaire de Diplomatique, par D. de Vaines. *Paris*, 1774, 2 *vol. fig. v. m.*

16..95 Grammaire générale, par Beauzée. *Paris*, 1767, 2 *vol. v. m.*

2--- Des Tropes, par Dumarsais. *Paris*, 1757, *v. m.* = Essai sur la Formation des Langues. *Paris*, 1774, *v. m*

1--70 Essai sur les Langues, par Sablier. *Paris*, 1777, *v. m.* = De la manière d'apprendre les Langues, par Radonvilliers. *Paris*, 1768, *dem. rel.*

1..10 Œuvres du marquis de Villette. *Paris*, 1788, *cart. Pap. de Holl.*

7..90 Les Ruines, par M. Volney. *Paris*, 1792, *v. f.* = Voyage dans l'Amérique méridionale, par Helms. *Paris*, 1812, *v. rac. Pap. Vél.*

2.-- Voyage autour du Monde, par Pigafetta. *Paris*, an IX, *fig. color. v. rac.*

6 + Synonymes françois, par Roubaud. *Paris*, 1796, 4 *vol. v. m.*

4--- Recherches sur l'Art statuaire, par M. Émeric David. *Paris*, 1805, *br.*

13..95 Habiti antichi e moderni del Mondo. *Venetia, fig. en bois. v. b.*

1--50 Des Décorations funèbres, par le P. Menestrier. *Paris*, 1687, *fig. en bois v. b.*

N° XXIV. 52 *vol. in-12.* dont :

4..30 L'Ordene de Chevalerie, par Barbazan. *Paris*, 1759, 2 *tomes en* 1 *vol. v. m.*

5--- La Louange des Rois de France. *Paris, Eustace de Brie*, 1507, *goth. bas.*

1--55 Les Tragédies d'Ant. de Montchrétien. *Rouen*, 1627, *v. m.*

pouplin

planche

Brunard.

pouplin

idem

pouplin

Brunard.

pouplin

gab. waris.

allais

Dictionnaire. Rol.

avec un 2ᵉ exempl. du Sablier.

Decorations. Dry.

pouplin

Brunard.

pouplin

le febure

idem

martin

chimot

brunau

chimot.

pouplin

idem

gregoire fils.

benou

chimot.

martin

Traité de la Baguette divinatoire. *La Haye*, 1762,
fig. v. m.

Dictionnaire néologique. *Amst.* 1747, *bas.* — —

Le Romant de la belle Hélaine de Constantinople.
Troies, *Oudot*, *pet. in-8. fig. en bois, v. j.*

Les Élémens primitifs des Langues, par Bergier.
Paris, 1764, *v. m.*

Chronologie septenaire, par Cayet. *Paris*, 1605,
in-8. parch. = Commentaires de l'état de la
religion sous les rois Henri, François II et
Charles IX. 1565, *in-8. parch.*

Dialogue du Royaume, auquel est discouru des
vices et vertus des rois. *Paris*, 1589, *pet. in-8.
parch.* = La Chronique des rois de France.
Paris, 1550, *pet. in-8. cart.*

Recueil des Rits et Cérémonies du pélerinage de
la Mecque, par Galland. *Paris*, 1754, *in-12.
bas.*

Histoire de la Pairie de France, par Boulainvilliers.
Londres, 1740, *bas.* = Essai sur la Noblesse
de France, par le même. *Amst.* 1732, *v. m.*

Discours merveilleux de la vie, actions et dépor-
temens de Catherine de Médicis. 1663, *pet.
in-12. v. m.*

Des Pierres précieuses et des Pierres fines, par
Dutens. *Paris*, 1776, *in-18. v. porph.*

Factum pour les Religieuses de Sainte-Catherine-
les-Provins, contre les pères Cordeliers. *Do-
regnal*, 1668, *pet. in-12. vél.*

Recueil de diverses Pièces pour servir à l'histoire
de Henri III. *Cologne*, 1663, *pet. in-12, v. b.*
L'Ovide en belle humeur, par Dassoucy. 1651,
pet. in-12. v. m.

Recueil de Pièces choisies, tant en prose qu'en
vers. *La Haye*, 1714, 2 *vol. v. b.*
Histoire d'Hérodien, trad. du grec, par Mongault.
Paris, 1745, *v. m.*

N° XXV. 51 *vol. in-12. reliés.*

3 - - Recueil A, et suiv. *Fontenoy*, 1745, 8 *vol. dem. rel.*

6.. 95 Histoire du prince Eugène de Savoie. *Vienne*, 1777, 5 *vol. bas.*

6 - -15 Mémoires sur l'ancienne Chevalerie, par de Sainte-Palaye. *Paris*, 1781, 3 *vol. bas.* = Histoire de l'Ordre du Saint-Esprit, par de Saint-Foix. *Paris*, 1775, 2 *vol. v. m.*

2 --75 Traité des Droits de l'État et du Prince sur les biens du clergé. *Paris*, 1766, 6 *vol. v. m.*

3..65 Curiosités de Paris, de Versailles, Marly, etc. *Paris*, 1778, 3 *vol. fig. v. éc.*

4 - 90 Journal du Voyage de Montaigne en Italie. *Paris*, 1774, 3 *vol. v. m.*

10 - 5 Recueil amusant de Voyages en vers et en prose. *Paris*, 1787, 9 *vol. dem. rel.*

3 .. - La Gerusalemme liberata di Torq. Tasso. *In Lione*, 1799, 2 *vol. dem. rel.*

2 - 55 ⎰ Recueil de Chansons pour danser et pour boire. *Paris*, 1627, 3 *vol. vél. vert.*
    ⎱ Nouveau Recueil de Chansons. *La Haye*, 1731, 6 *vol. v. b.*

7 - - - Traité de l'existence et des attributs de Dieu, par Clarke. *Amst.* 1727, 3 *vol. v. f.*

3 - 5 ⎰ Géographie moderne, par Nicolle de La Croix. *Paris*, 1758, 2 *vol. v. m.*
    ⎱ Histoire de Saint-Louis. *Paris*, 1688, 2 *vol. v. b.*

N° XXVI. 73 *vol. in-12. reliés.*

28 - - Méthode pour étudier l'Histoire, par Lenglet Du Fresnoy. *Paris*, 1772, 15 *vol. v. m.*

7 - 5 De la manière d'enseigner et d'étudier les Belles-Lettres, par Rollin. *Paris*, 1736, 4 *vol. v. f.*

30 - 50 Histoire Ancienne, par le même. *Amst.* 1754, 14 *vol. v. m.*

Le febvre
gregoire fil.
Rouget.

p.
p.

planche
M⁰ De gaudechard.
Ludot. p.

payen

Brunard.

nicole

Rouget.

pillet.
arthur bertrand.

Benoure

potry
gregoire fils
payen

chimot

potry

Rouget.
Dufart.
potry
Dufart.
idem

Drunald.
Dufart.
pillet.

Le febure

baude
lefebure

Histoire Romaine, par le même. *Amst.* 1742, *40.*
16 *vol. v. f.*

Histoire du Bas-Empire, par Le Beau. *Paris,* *45--20.*
1757, 24 *vol. v. m.*

N° XXVII. 81 *vol. in-12. rel.*

Histoire des Empereurs romains, par Crevier. *12--95*
Paris, 1749, 12 *vol. v. b.*

Histoire de France, par Velly. *Paris,* 1761, 28 *vol.* *34--95*
v. m.

Histoire de Louis XII, François Ier, Henri II, *3--45*
Charles IX, etc. par Varillas. *La Haye,* 1688,
13 *vol. v. b.*

Histoire de la ville et du diocèse de Paris, par *5--55*
l'abbé Le Beuf. *Paris,* 1754, 15 *vol. v. m.*

Essais de Morale, par Nicole. *Paris,* 1723, 13 *vol.* *3.*
v. b.

N° XXVIII. 65 *vol. in-12. rel.* dont :

Mémoires de Sully. *Londres,* 1768, 8 *vol. bas.* --— *13.*
Mémoires de Vieilleville. *Paris,* 1757, 5 *vol. v. m.* *7--20.*
Mémoires de Feuquière. *Paris,* 1740, 4 *vol. v. b.* *6--65.*
Mémoires de Marolles. *Amst.* 1755, 3 *vol. bas.* --— *2.*
Mémoires de Saint-Hilaire. *Amst.* 1766, 4 *vol.* *5--95*
v. m.

Mémoires d'Artagnan. *Cologne,* 1700, 3 *vol. v. b.* *1--60.*
Mémoires de Talon. *La Haye,* 1732, 8 *vol. v. b.* *15--5.*
Mémoires de Bussy Rabutin. *Paris,* 1712, 3 *vol.* *4.*
v. b.

Mémoires du comte d'Estrades. *Bruxelles,* 1709, *2--5.*
5 *vol. v. b.*

N° XXIX. 59 *vol. in-12. reliés.*

Description de la France avec l'Introduction, par *10.*
Piganiol de la Force. *Paris,* 1753, 15 *vol. v. m.*

Recueil d'Épitaphes, par de La Place. *Bruxelles,* *3--75*
1782, 3 *vol. v. j.*

B

2 . . . _ Traité sur la Culture de la Vigne , par Duhamel du Monceau. *Paris*, 1759, 2 *vol. fig. v. m.*

1 . . 80 Traduction de quelques ouvrages de Tacite, par de La Bléterie. *Paris*, 1755, 2 *vol. v. j.*

2 . . 45 État de la France , par Boulainvilliers. *Londres*, 1737 , 6 *vol. vél. vert.*

3 . . . 95 Recherches sur les Finances de France, par Forbonnais. *Liége*, 1758 , 6 *vol. bas.*

7 . . . 5 Les trois Siècles de la Littérature françoise , par Sabatier, de Castres. *Paris*, 1781 , 4 *vol. v. m.*

2 . . . . La belle Wolfienne, par Formey. *La Haye*, 1774, 6 *tom. en* 3 *vol. v. m.*

6 . . . Mélanges de Littérature, par d'Alembert. *Amst.* 1764, 5 *vol. v. éc.*

1 . . 50 Ambassades de la Boderie en Angleterre. 1750, 5 *vol. v. m.*

1 . . 55 Variétés historiques , physiques et littéraires. *Paris*, 1752, 4 *vol. v. m.*

2 . . . . Recueil de diverses pièces, par Leibnitz, Clarke, Newton , etc. *Amst.* 1740, 2 *vol. v. m.*

N° XXX. 68 *vol. in*-12, *reliés.*

13 . . . Le Théâtre de Pierre et de Th. Corneille. *Paris*, 1747 , 11 *vol. v. m.*

20 . . Recueil de pièces sur différens sujets, dont : Recherches sur les Carrousels anciens et modernes. 15 *vol. in*-12, *bas.*

4 . . 40 Reflexions militaires et politiques du marquis de Santa-Cruz. *Paris*, 1744, 11 *vol. v. m.*

2 . . 30 Les Origines de l'ancien gouvernement de la France. *La Haye*, 1757 , 4 *vol. v. m.*

5 . . 95 Le Théâtre des Grecs, par le P. Brumoy. *Paris*, 1749, 6 *vol. v. m.*

4 . . . Virgile en latin et en françois, trad. par Des Fontaines. *Paris*, 1754, 4 *vol. v. m.*

4 . . . De la recherche de la Vérité, par Malebranche. *Paris*, 1749, 4 *vol. v. m.*

Me Brunard.

cailleau

p

pierre

gregoire fils.

Rey

m D. s^t morys

payen

p

potez.

p

millin

gregoire fils.

p

p

p

mequignon j^r.

avec 6 brochures   pouplin

                        p.

                        oberlin

                        p.

                        Ludet.

                        pouplin
                        Rollin
                        janvier
                        idem

                        Ludet.

Memoires. dij'.
L'estoile. dij'.

                        pouplin
                        janvier

                        pouplin

Réflexions politiques sur les Finances et le Commerce. *La Haye*, 1738, 4 *vol. dem. rel.*

Histoire de France depuis la mort de Louis XIV, par Des Odoards Fantin. *Paris*, 1789, 8 *vol. dem. rel.*

Elémens de l'Histoire d'Angleterre, par Millot. *Paris*, 1800, 3 *vol. dem. rel.*

N° XXXI. 55 *vol. pet. in-8. rel.*

Dictionnaire d'Histoire naturelle, par Valmont de Bomare. *Paris*, 1768, 6 *vol. bas.*

Dictionnaire vétérinaire. *Paris*, 1775, 6 *vol. v. éc.*

L'Agronome, ou Dictionnaire du Cultivateur. *Paris*, 1765, 2 *vol. v. m.*

Dictionnaire géographique de la France. *Paris*, 1765, 4 *vol. v. porph.*

Anecdotes orientales. *Paris*, 1773, 2 *vol. bas.* = Ecclésiastiques. *Paris*, 1772, 2 *vol. bas.*

Abrégé chronol. de l'Hist. des Empereurs. *Paris*, 1753, 2 *vol. v. m.* = De l'Histoire du Nord, par Lacombe. *Paris*, 1762, 2 *vol. v. m.*

Tablettes chronologiques, par Lenglet Du Fresnoy. *Paris*, 1763, 2 *vol. bas.*

Mémoires de l'Estat de France sous Charles IX. *Meidelbourg*, 1576, 3 *vol. v. b.*

Mémoires pour servir à l'Histoire de France, par de l'Estoile. *Cologne*, 1719, 2 *vol. fig. v. j.*

Journal du règne de Henri IV, par le même. *La Haye*, 1741, 4 *vol. v. éc.*

Mémoires de Ph. de Comines. *Bruxelles*, 1723, 5 *vol. v. f.*

Recueil de pièces, dont : Discours des plus mémorables Faicts des roys et grands seigneurs d'Angleterre, depuis 500 ans, par Jean Bernard. *Paris*, 1587. = Advertissement des Catholiques anglois, etc. 1586, *parch.*

B 2

Le Trésor des Histoires de France, par G. Corrozet. *Paris*, 1622, *parch.*

Recueil de pièces sur différentes matières, dont : Traité de la Couleur de la Peau humaine, etc. *7 vol. bas.*

N° XXXII. *70 vol. in-8. reliés.*

Dictionnaire historique. *Lyon*, 1804, *13 vol. v. porph.*

Médecine domestique, par Buchan, trad. de l'anglois. *Paris*, 1802, *5 vol. v. rac.*

Traité sur le climat d'Italie. *Vérone*, 1797, *4 vol. cart.*

Botanographie universelle, par Lestiboudois. *Lille, an XII, 2 vol. bas.* = L'Art de former les Jardins modernes. *Paris*, 1771, *v. éc.*

Traité sur la Police de Londres, par Colquhoun. *Paris*, 1807, *2 vol. dem. rel.*

Recherches sur les Origines celtiques, par Bacon Tacon. *Paris, an VI, 2 vol. bas.*

Vies des Peintres flamands, par Descamps. *Paris*, 1753, *5 vol. fig. v. m.*

Histoire de la Vie privée des François, par le Grand d'Aussy. *Paris*, 1782, *3 vol. bas.*

Code militaire. *Paris*, 1793, *4 vol. bas.*

Traité de la Végétation, par Mustel. *Paris*, 1781, *4 vol. fig. v. m.*

Recueil de pièces intéressantes concernant les Antiquités, les Beaux-Arts, etc. *Paris*, 1787, *5 vol. fig. v. m.*

Des Signes et de l'Art de penser, par de Gérando. *Paris, an VIII, 2 vol. bas.*

Traité de l'Artillerie, par Le Blond. *Paris*, 1743, *3 vol. fig. v. m.*
Essai sur la Science de la guerre, avec la suite, par d'Espagnac. *La Haye*, 1751, *6 vol. v. m.*

millin

porquet.
pouplin
Rollin
Meilhac.

Warée ainé.
idem
pierre.
pouplin
planche
Rolin
meilhac.
pouplin les 2 en vel.

girod.

pierre.

De Deux reliures differentes.

dessignes. of.

girod.

Massillon. a.

planche
Rollin
pouplin
planche
idem

p.

p.
francart
p.

p.

nozeran

neve

de deux parures.

warée ainé.

planche

Histoire naturelle de la France méridionale, par Giraud Soulavie. *Paris*, 1780, 8 *vol. fig. bas.*

N° XXXIII. 51 *vol. in-8.*

Œuvres de Massillon. *Paris*, 1810, 13 *vol. br.*

Dictionnaire françois-latin et latin-françois, par Noel. *Paris*, 1808, 2 *vol. parch.*

Le Conservateur, par François de Neufchâteau. *Paris, an VIII*, 2 *vol. bas.*

Traité des Arbres fruitiers, par Duhamel du Monceau. *Paris*, 1782, 3 *vol. fig. bas.*

Voyage sur les rives du Rhin, par Forster. *Paris, an III*, 3 *vol. dem. rel.* = Voyage sur le Rhin depuis Mayence. *Neuwied*, 1791, 2 *tomes en* 1 *vol. fig. cart.*

Analyse des trois Règnes, par Sage. *Paris*, 1786, 3 *vol. dem. rel.*

Mélanges historiques, critiques, de physique, etc. par d'Orbessan. *Paris*, 1768, 2 *vol. bas.*

Dictionnaire du vieux Langage françois, par Lacombe. *Paris*, 1766, 2 *vol. v. m.*

Affaires de l'Inde, trad. de l'anglois. *Paris*, 1788, 2 *vol. v. éc.*

Considérations sur quelques parties du mécanisme des Sociétés, par de Casaux. *Londres*, 1785, 2 *vol. dem. rel.*

Abrégé chronologique de l'Histoire de Bourgogne, par Mille. *Paris*, 1771, 3 *vol. bas.*

Commentaires sur les Lois angloises de Blackstone, trad. de l'anglois. *Bruxelles*, 1774, 6 *vol. v. m.* Commentaire sur le Code criminel d'Angleterre de Blackstone, par l'abbé Coyer. *Paris*, 1776, 2 *tom. en* 1 *vol. v. m.*

Lettres sur Frédéric II, par Laveaux. *Paris*, 1789, 3 *vol. br.*

N° XXXIV. 71 *vol. in-8. brochés.*

Biographie universelle , ancienne et moderne. *Paris*, 1811, *les tomes* 1—12.

Œuvres de Mably. *Paris*, 1794, 15 *vol.*

Correspondance littéraire, par La Harpe. *Paris*, 1804, 6 *vol.*

Des États-Généraux. *Paris*, 1788, 18 *vol.*

Flore françoise, par de La Marck. *Paris*, 1805, 5 *vol.*

Éloges des Académiciens de l'Académie des Sciences, par Condorcet. *Paris*, 4 *vol. br.*

Voyage dans le Finistère en 1794. *Paris, an VII*, 3 *vol. fig.*

Œuvres d'Étienne Falconnet. *Lausanne*, 1781, 6 *vol.*

Mémoires pour servir à l'histoire de notre Littérature, par Palissot. *Paris*, 1803, 2 *vol.*

N° XXXV. 86 *vol. in-8. brochés.*

Œuvres posthumes de Frédéric II. *Berlin*, 1788, 16 *vol.*

Œuvres badines du comte de Caylus. *Paris*, 1787, 12 *vol.*

Tacite, trad. par Dureau de La Malle. *Paris*, 1808, 5 *vol.*

Exposition des Familles des Plantes, par Jaume Saint-Hilaire. *Paris*, 1805, 4 *vol.*

Histoire de France pendant le XVIIIe siècle, par Lacretelle. *Paris*, 1808, 6 *vol.*

Exposition du Système du Monde, par Laplace. *Paris, l'an IV*, 2 *vol.*

Dictionnaire de Peinture, Sculpture, etc. par Watelet. *Paris*, 1792, 5 *vol.*

De l'Art de la Comédie, par de Cailhava. *Paris*, 1786, 2 *vol.* = Le Théâtre du même. *Paris*, 1781, 2 *vol.*

Henou
Baude.
p.
p.
méilhac.   manque le tome 5, le tome 4 doit en 2 parties
Henou   manquent les lettres.
Rouget.
p.
chimot.

Rey
p.
M^r De saint chorys.
Mr Brunand.
le même

parquet.
Robin

gat!

Ney

Ray.

p.

Rouget.

Ney

Rollin

Rouget.

Lefebure

p.

Rollin

Cours. Cap.

Nicole

Meilhac.

meilhac. ~~Meuterin~~

M. Huzard.

Meilhac.

(23)

Rapports du physique et du moral de l'Homme, *4 - -70*
par Cabanis. *Paris*, 1802, 2 *vol.*

Traité complet de Physique, par Libes. *Paris*, *7 - -95*
1813, 3 *vol.*

Traité de Minéralogie, par Haüy. *Paris*, 1801, *32 - -10*
4 *vol. et Atlas.*

Œuvres de l'abbé Raynal. *Genève*, 1784, 4 *vol.* — *3 - -5*

Traité sur l'Art de faire et d'appliquer les vernis, *5 - -60*
par Tingry. *Genève*, 1803, 2 *vol.*

Cours de Chimie et de Physique, par Jacotot. *4 - -85*
Paris, an IX, 2 *vol. et atlas.*

Le Guide de l'Histoire. *Paris* 1803, 3 *vol.* - - — *3 - -30*

Vie et pontificat de Léon X, trad. de l'anglois de *12 - -5*
Roscoë. *Paris*, 1813, 4 *vol.*

Mélanges d'Histoire naturelle, de physique et de *3*
chimie. *Paris*, 1806, 3 *vol.*

Dissertations de Maxime de Tyr, trad. par Combes-
Dounous. *Paris*, 1802, 2 *vol.* *5 - -50*

Œuvres philosophiques de F. Hemsterhuis. *Paris*,
1809, 2 *vol.*

Du Droit public et du Droit des gens, par Gondon. *1 - -55*
Paris, 1808, 3 *vol.*

N° XXXVI. 80 *vol. in-8. brochés.*

Cours de Littérature, par La Harpe. *Paris, an* VII, *48 - -5*
19 *vol.* — ~~Il manque le tome 8.~~ *complet.*

Élémens de Chimie, par Chaptal. *Paris*, 1803, *3*
3 *vol.*

Chimie appliquée aux Arts, par le même. *Paris*, *18*
1807, 4 *vol.*

L'Art de faire le Vin, par le même. *Paris*, 1801, *5*
2 *vol.*

Flore du nord de la France, par Roussel. *Paris*,
1803, 2 *vol.* *4 - -35*

Essai de Statique chimique, par Berthollet.
Paris, 1803, 2 *vol.*

4 - - - Voyage en Hollande, trad. de l'anglois, par Cantwel. *Paris*, 1795, 2 *vol.* = Voyage dans le Jura, par Lequinio. *Paris*, *an* IX, 2 *vol.*

44 - - 50 Voyage dans les Départemens du midi de la France, par M. Millin. *Paris*, *an* VII, 4 *tom.* en 5 *vol.* et atlas.

6 - - 35 Essais sur les causes et les effets de la Révolution de France, par Beaulieu. *Paris*, 1801, 6 *vol.*

13 - - 30 Œuvres de Machiavel, trad. par Guiraudet. *Paris*, *an* VII, 9 *vol.*

54 - - - Musée des Monumens françois, par Le Noir. *Paris*, 1800, 6 *vol. fig.*

3 - - 95 Voyages en France, par Arth. Young. *Paris*, 1794, 3 *vol.*

9 - - 95 Les Soirées littéraires. *Paris*, 1795, 16 *vol.*

N° XXXVII. 87 *vol. in-8. brochés.*

16 - - 5 Œuvres d'Histoire naturelle et de philosophie de Ch. Bonnet. *Neufchâtel*, 1779, 17 *vol.*

13 - - 5 Œuvres de d'Arnaud. *Paris*, 1815, 12 *vol. fig.*

4 - - - Histoire de France depuis 1789, par Toulongeon. *Paris*, 1801, 2 *vol.* Œuvres de Lemierre. *Paris*, 1810, 3 *vol.*

2 - - 20 Choix de Discours de réception à l'Académie françoise. *Paris*, 1808, 2 *vol.*

5 - - 35 Œuvres de De Belloy. *Paris*, 1787, 6 *vol.*

3 - - 35 Voyage dans la ci-devant Belgique, par Breton. *Paris*, 1802, 2 *vol. fig.*

38 - - - Histoire de la Révolution de France, par Bertrand de Molleville. *Paris*, 1801, 10 *vol.*

2 - - 20 Mémoires de J. S. Bailly. *Paris*, 1804, 3 *vol.*

5 - - 5 Théâtre de Collin d'Harleville. *Paris*, 1805, 4 *vol.*

6 - - 95 Traité de Chimie, par Lavoisier. *Paris*, 1793, 2 *vol.* Traité des Maladies des yeux, par Scarpa, trad. de l'italien. *Paris*, 1807, 2 *vol.*

Rouget.

Rey

Rollin

Baude

Renou

grigoire fils.

Rouget:

chimot.   Manque le tome 18.

p.

Crozet.

Ménde 1.er morys.

lefebure

p.

Rey

Lefebure.

pilet.

meilhac.

histoire. A. Mac.

mme Roland. A.
Beaumarchais. A.

Vauvenargues. A.

Melanges. A.

pichard.
Brunard.
pillet.
Crozet
Crozet.

Dufort.

Lefebure
Martin
Mc Distmorys
p.
Blanc.
Rouget

p.
Mc Distmorys . Rouget
Rollin
gab. warie
Mc Distmorys
planche
Caillian

Proverbes dramatiques, par Carmontel. *Paris*, 1783, 6 *vol.*

La Magie blanche dévoilée. *Paris*, 1792, 5 *vol.*

Histoire des Suisses, par Mallet. *Genève*, 1803, 4 *vol.*

Œuvres dramatiques du comte Alfiéri, trad. de l'italien. *Paris*, 1802, 4 *vol.*

Histoire de la guerre de la Vendée, par de Beauchamp. *Paris*, 1806, 3 *vol.*

N° XXXVIII. 89 *vol. in-8. brochés.*

Œuvres de madame Roland. *Paris*, an VIII, 3 *vol.*

Œuvres de Beaumarchais. *Paris*, 1809, 7 *vol.*

Œuvres de Lacretelle aîné. *Paris*, 1802, 3 *vol.*

Principes d'Administration publique, par Bonnin. *Paris*, 1812, 3 *vol.*

Œuvres de Vauvenargues. *Paris*, 1806, 2 *vol.*

Œuvres de l'abbé Arnaud. *Paris*, 1808, 3 *vol.*

Politicon, ou choix des meilleurs Discours traités dans l'Assemblée nationale. *Paris*, 1792, 6 *vol.*

Voyage en Hollande, par Carr, trad. de l'anglois. *Paris*, 1809 2 *vol.* = Voyage à Barèges, par Dusaulx. *Paris*, 1796, 2 *vol.*

Voyage de deux François dans le nord de l'Europe. *Paris*, 1796, 5 *vol.*

Législation primitive, par de Bonald. *Paris*, 1802, 3 *vol.*

Histoire générale de la Belgique, par Dewez. *Bruxelles*, 1807, 7 *vol.*

Œuvres de Turgot. *Paris*, 1811, 8 *vol.*

Mélanges de Littérature, par Suard. *Paris*, 1806, 5 *vol.*

Essais historiques sur Paris, par Poullain de Saint-Foix. *Paris*, 1805, 2 *vol.*

Topographie historique de la ville et du diocèse de Troyes. *Troyes*, 1783, 3 *vol.*

2 - - Journal pour servir à l'Histoire du XVIIIe siècle. *Paris*, 1788, 5 *vol.*

15 - 60 Traité élémentaire de physique, par Haüy. 1806, 2 *vol. br.*

12 - - - Voyage en Savoie, en Piémont, à Nice, etc. par M. Millin. *Paris*, 1816, 2 *vol.* = Histoire géographique de la Sardaigne. *Paris*, 1802, 2 *vol.*

12 - — Introduction à la Botanique, par Th. Martyn, en françois et en hollandois, par Noorden. *Rotterdam*, 1798, 2 *vol. fig. coloriées.*

2 - — Calendrier de Flore. *Paris*, 1802, 3 *vol.*

27 - 95 Mémoires du maréchal de Richelieu. *Paris*, 1793, 9 *vol. fig.* = Correspondance du même. *Paris*, 1789, 2 *vol.*

N° XXXIX. 92 *vol. in-8. brochés.*

74 - — Nouveau Cours d'agriculture. *Paris*, 1809, 13 *vol. fig.*

12 - 10 Le Spectateur francois au XIXe siècle. *Paris*, 1805, 6 *vol.*

4 - 10 État actuel de l'Empire ottoman, trad. de l'anglois. *Paris*, 1795, 2 *vol.* Tableau du commerce de la Grèce, par Félix Beaujour. *Paris*, *an VIII*, 2 *vol.* = Histoire de la rivalité de Carthage et de Rome, par Dampmartin. *Paris*, 2 *vol.*

8 - - Mémoires secrets sur les règnes de Louis XIV et de Louis XV, par Duclos. *Paris*, 1791, 2 *vol.*

10 - 80 L'Esprit de l'Histoire, par M. Ferrand. *Paris*, 1805, 4 *vol.*

7 - 95 Histoire critique de la République romaine, par Levesque. *Paris*, 1807, 3 *vol.*

16 - - - Fêtes et Courtisanes de la Grèce, par Chauchard. *Paris*, 1803, 4 *vol.*

9 - 50 Argonautique de Valérius Flaccus, en latin et en françois, trad. par M. Dureau de la Malle. *Paris*, 1811, 3 *vol.*

Rouget
Ludet
planche
Le febure
idem

Memoires. d.

M.e de gaudechard.
crozat

P

M.e de gaudechard.
Blanc.
Rey
Rey
Le febure

pouplin

Dufart

Rey

Crozet.

gab. Warée

idem

Marque le tome 5.

pouplin

Warée l'ainé.

Branché.

David

P crozet.

p.

p.

p.

Billaran

Mémoires de Frédéric, baron de Trenck. *Paris*, *4 - 15*.
1789, 3 *vol.*

Les Métamorphoses d'Ovide, en lat. et en françois, *5.*
trad. par Dubois Fontanelle. *Paris*, 1802, 4 *vol.*

Lettres et Mémoires du maréchal de Saxe. *Paris*, *2 - 90.*
1794, 5 *vol.*

Histoire de la Grèce, par Leuliette. *Paris*, 1812, *3 - 95.*
2 *vol.* = Histoire critique de l'Éloquence chez
les Grecs, par Belin de Ballu. *Paris*, 1813,
2 *vol.*

Voyage en Allemagne et en Suède, par Catteau. *3 - 5.*
Paris, 1810, 3 *vol.*

Dictionnaire de la Fable, par Noel. *Paris*, 1810, *14 - 10.*
2 *vol.*

Recueil des opinions de M. de Clermont Tonnerre.
Paris, 1791, 4 *vol.* } *3 - 95.*
Histoire de l'origine des progrès des sciences
dans la Grèce. *Paris*, an *VII*, 4 *vol.*

Histoire des progrès et de la chute de la Répu- *7 - 5.*
blique romaine, par Fergusson, trad. de l'anglois. *Paris*, 1791, 7 *vol.*

Œuvres complètes du duc de Saint-Simon. *Paris*, *28 - 95.*
1791, 13 *vol.*

N° XL. 92 *vol. in-8. brochés*, dont :

Œuvres posthumes de Frédéric II. *Berlin*, 1788, *8 - 5.*
16 *vol.*

10. Œuvres de Dorat. *Paris*, 1792, 20 *vol. fig.* - *14 - 10*

Œuvres complètes de Duclos. *Paris*, 1806, 10 *vol. 33 - 80.*

Phytologie universelle, par Jolyclerc. *Paris*, *4*
an *VII*, 5 *vol.*

Système des Plantes, par Mouton-Fontenille. *3.*
Lyon, 1805, 5 *vol.*

Découverte de la maison de campagne d'Horace, *1 - 65.*
par Capmartin de Chaupy. *Rome*, 1767, 3 *vol.*

Élégies de Tibulle, par Mirabeau. *Paris*, 1798, *9 - 50.*

3 *vol.* = Lucrèce en latin en françois, trad. par La Grange. *Paris, l'an* III, 2 *vol. fig.*

12 - - - Voyage dans les États-Unis d'Amérique, par M. le duc de Liancourt. *Paris, l'an* VII, 8 *vol.*

6 - 95 Des Végétaux résineux, tant indigènes qu'exotiques, par Duplessy. *Paris*, 1802, 4 *vol.*

N° XLI. 69 *vol. in-8. brochés.*

5 - 50 { Malte ancienne et moderne, par M. de Boisgelin. *Paris*, 1809, 3 *vol.* — Principes du Droit maritime, par Azuni, trad. de l'italien. *Paris, an* VI, 2 *vol.* = Constitution de l'Angleterre, par Delolme. *Paris*, 1787, 2 *vol.*

3 - 50 Voyage en Suisse et en Italie, par Cambry. *Paris, an* IX, 2 *vol.* = Coup d'œil sur la Hollande. *Paris*, 1807, 2 *vol.* = Description du Département de l'Aveiron. *Paris, an* X, 2 *vol. fig.*

6 - 90 Considérations sur les causes de la grandeur des Romains, par Montesquieu. *Paris*, 1795, 2 *vol. Pap. Vél.* = Réflexions sur les divers génies du Peuple romain, par Saint-Évremond. *Paris*, 1795, 1 *vol.*

3 - - Correspondance du cardinal de Bernis. *Paris*, 1790, 2 *vol.* = Lettres de mademoiselle de Lespinasse. *Paris*, 1809, 2 *vol.*

5 - - { Journal de voyages d'Italie et d'Espagne pour la paix de l'Église, par Clément. *Paris*, 1802, 3 *vol.* Tableau des États danois, par Catteau. *Paris*, 1802, 3 *vol.*

2 - 65 Galerie des Acteurs du Théâtre-François. *Paris*, 1810, 2 *vol.*

16 - - - Voyage dans les Alpes, par de Saussure. *Neuchâtel*, 1803, 8 *vol. fig.*

5 - - Théorie de la Terre, par Delametherie. *Paris*, 1797, 6 *vol.*

Royez.
Lefebure

Dufart.

Warée L'aîné.

M. Degaudechard.

Crozet.

Rey

Lefebure

Crozet.

Rouget.

Crozet.

p.

planche

Nicolle

Rouget.

p.

p[illisible]

Meilhac.

p.

Lefebure

Crozet,

gregoire pere

Meilhac.

les portraits sont les heros de la ligne.

Collection des travaux de Mirabeau. *Paris*, 1791, 17.
5 *vol.*

Voyage en Angleterre et en Écosse, par Faujas de 4 - 5.
Saint-Fond. *Paris*, 1797, 2 *vol.* = Journal d'un
Voyage en Allemagne, en 1775, par Guibert.
Paris, 1803, 2 *vol. fig.*

Abrégé de l'histoire des Traités de paix, par Koch. 1 - 50.
Bâle, 1796, 2 *vol.*

Histoire de l'Anarchie de Pologne, par Rulhière. 22 -
Paris, 1807, 4 *vol.*

Mémoires sur la Musique, par Grétry. *Paris*, 4 - 15.
an v, 3 *vol.*

Nouveau Recueil de Voyages au nord de l'Europe. 5 - 5.
Paris, 1785, 2 *vol.* = Traité de la Culture du
nopal. *Paris*, 1787, 2 *vol.* = Moyens de res-
tauration pour les Colonies, par Charpentier
Cossigny. *Paris*, 1803, 3 *vol.*

N° XLII. 63 *vol. in-8. brochés.*

De la Phthisie pulmonaire, par Baumes. *Paris*, 4 - 5.
2 *vol.* = Centuries médicales du XIX° siècle par
Daignan. *Paris*, 1807, 2 *vol.*

Élémens d'Hygiène, par Tourtelle. *Paris*, 1802, 3 - 75.
2 *vol.* = Traité des Affections vaporeuses, par
Pomme. *Paris*, *an vii*, 2 *vol.*

Traité des Pierres précieuses, par Brard. *Paris*, 3 - 80.
1808, 2 *vol.* = Principes raisonnés de la Culture des arbres, par Tatin. *Paris*, 1811, 2 *vol.*

Histoire d'Irlande, par Gordon, trad. de l'anglois. 2 - 95.
Paris, 1808, 3 *vol.*

Mémoires du comte de Maurepas. *Paris*, 1792, 7 - 20.
4. *vol. avec fig.*

Traité de Minéralogie, par Brochant. *Paris*, 9.
an ix, 2 *vol.* et *atlas.*

Introduction à l'étude de la Botanique, par Phi- 3 - 95.
libert. *Paris*, 1802, 3 *vol.*

Du Congrès de Vienne, par De Pradt. *Paris*, 1815, 2 *vol.* = Les trois Ages des Colonies, par le même. *Paris*, 1801, 3 *vol.*

Opuscules chimiques, par Bayen. *Paris*, *an VI*, 2 *vol.* = Manuel des habitans de St-Domingue. *Paris*, 1802, 2 *vol.*

Analyse de la Beauté, par Hogarth. *Paris*, 1806, 2 *vol.*

Les Martyrs, par M. de Châteaubriand. *Paris*, 1809, 2 *vol.*

Histoire des Révolutions d'Angleterre, par le père d'Orléans. *Paris*, *an IV*, 4 *vol.*

L'Honneur françois. *Paris*, 1808, 2 *vol.*

Voyage à Saint-Domingue, par de Wimpfen. *Paris*, 1797, 2 *vol.* = Examen de l'esclavage des Nègres dans les Colonies françoises. *Paris*, 1802, 2 *vol.*

Tableau des Progrès de la Société en Europe, par Stuart, trad. de l'anglois. *Paris*, 1789, 2 *vol.* = Vie de Victor Alfieri. *Paris*, 1809, 2 *vol.*

Mémoires historiques du règne de Louis XVI, *Paris*, 1801, 6 *vol.* = Correspondance de Louis XVI. *Paris*, 1803, 2 *vol.*

N° XLIII. 69 *vol. in-8. brochés.*

Histoire naturelle de Buffon, publiée par Sonnini. 36 *vol. in-8.* savoir : les tomes 1 à 34, et l'Histoire des Singes, tomes 1 et 2. *Paris*, *an VIII*, *fig.*

Bulletin des Lois, troisième série, tomes 1 — 9, et quatrième série, tomes 1 — 16, en tout 25 *vol.*

Mémoires d'Agriculture du département de la Seine. *Paris*, *an IX*, 8 *vol.*

N° XLIV. 15 *vol. in-fol.* dont :

Catalogue des livres imprimés et manuscrits de

gab. warié

warié l'ainé

gab. warié

pouplin

henou

chinot.

warié l'ainé.

chimot.

le Clerc.   Sans figures.

idem

p.   manque le tome 5.

pouplin

opuzculer. Ivy.

3 Exemplaires.   grégoire père.

manque le tome 6.   pouplin.

                                        martin

avec les petites cartes.   pouplin
                                        Brunaud
                                        idem
                                        idem
                                        planche
                                        pillet
                                        chimot.

                                        pouplin

                                        Brunaud.

Memorial. C.

                                        pierre

                                        porquet.

la Biblothéque du Roi. *Paris*, 1750, 6 *vol.*
Savoir : Belles Lettres, 2 *vol.* Manuscrits,
4 *vol. cart.*
L'art de la Peinture sur verre, par Le Vieil. 1774,   7 · · 20
fig. broch.
Dictionnaire géographique des Gaules et de la   13 · · 50
France, par Expilly. *Paris*, 1762, 5 *vol. v. m.*
Mémoires du duc de Sully. *Amst. Édition aux VV*   3 ·
verts, 2 *tom. en* 1 *vol. v. b.*

N° XLV. 36 *vol. in-fol.* dont :

Atlas de Delisle. *Paris*, 1724, 1 *vol. v. b.* - —   8 ·
Géographie ancienne, par d'Anville. *Paris*, 1769,   9 · · 40 ·
gr. *in-fol. fig. dem.* rel.
Description d'un Éléphant mâle, par P. Camper.   8 · · 50 ·
Paris, 1802 , *fig. cart.*
Oxonia depicta. *Oxonii*, 1732, *fig. v. m.* — — —   15 - - 5 ·
Exercice de l'Infanterie françoise. 1757, *fig. v. m.*   3 ·
Statistique des départemens du Doubs, de la   5 ·
Meurthe, de la Moselle et de la Lys. 4 *vol. br.*
Différentes années du Journal de l'Empire. *rel.*   52 · · 5 ·
et *br.*

N° XLVI. 35 *vol. in-*4. dont :

Atlas de la France par départemens, par Brion.   7 · · 95 ·
Paris, 1 *vol. oblong. dem. rel.*
Dictionnaire de l'Académie françoise. *Paris*, *Mou-*   46 · 95
tardier, 1802, 2 *vol. dem. rel.*
Dictionnaire allemand - françois, par Schwan.   4 · · 5 ·
Louisbourg, 1799, 2 *vol. dem. rel.*
Mémorial administratif du département de l'Oise.   9 · · 95
Beauvais, l'an XII, 4 *vol. dem. rel.*
Recueil d'antiquités, par le comte de Caylus.   124 · · 5 ·
Paris, 1752, 7 *vol. fig. v. f.*
Histoire de la maison de Bourbon, par Désor-   20 · · 35 ·
meaux. *Paris*, 1772, 5 *vol. fig. v. rac.*

21 - - Œuvres de Rabelais. *Paris, Bastien, an vi, 3 vol. fig. br. Pap. de Holl.*

28 - - Traité des Arbres et Arbustes, par Duhamel du Monceau. *Paris, 1755, 2 vol. fig. vél.*

7 - 10 Du transport et de la conservation des Bois, par le même. *Paris, 1767, fig. cart.*

Nº XLVII. 81 vol. in-8.

150 - - Annales de l'Agriculture françoise, depuis l'origine jusqu'en 1812. 54 *vol. dem. rel.*

20 - 95 Mercure de France littéraire et politique, depuis messidor an viii, jusqu'en septembre 1807. 29 *vol. in-8. dem. rel.*

Nº XLVIII. 92 vol. in-12.

160 - 5 Œuvres complètes de Voltaire. *Kehl, de l'impr. de la Société Typographique, 1785, 92 vol. cart. Édition à l'étoile.*

Nº XLIX. 67 vol. petit in-12.

7 - Répertoire du Théâtre-François. *Paris, 1813, 67 vol. bas.*

Nº L. 57 vol. in-12.

25 - 80 Histoire ecclésiastique, par Fleury. *Paris, 1740, 36 vol. v. b.*

10 - 95 Histoire moderne des Chinois, des Japonois, etc. *Paris, 1775, 21 vol. v. m.*

Nº LI. 89 vol. in-18. dont :

13 - 50 Collectio rerumpublicarum. *Lugd. Bat. Maire, 48 vol. m. r. vél. et v. b.*

7 - 80 Titi Livii Historiæ. *Lugd. Bat. Elzev. 1653, 3 vol. v. j.*

2 - - - Barclaii Argenis. *Lugd. Bat. Elzev. 1630, v. b.*

~~truchy~~

simonnet.

gregoirspas

Me Lenoir.

annales. Rol.

Mercure. Rol.

truchy

Martin -

mequignon j.^r

p.

p.

Brunaud

Lefebure

manque la titivode tome 1.er

mouillé

pouplin
grégairopan

pouplin

prouplin

Rey

essai. CO: lé 1ᵉʳ pourri.
variétés, etc. CO.

observations, faz.

Bruñard.
Rouanne
P.
girod
Rouanne
pic.
Daud

Defensio regio pro Carolo primo. 1650 , *vél.*   2..70

Virgilii Opera. *Lugd. Bat. Elzev.* 1636 , *dem. rel.*   2.. 70

N° LII. 81 *vol. in-*8. *et in-*12.

Recueil de Pièces sur différentes matières, savoir :   72.
le Clergé, les Finances, la Politique, l'Économie
rurale, etc. 81 *vol. dem. rel.*

N° LIII. 15 *vol. in-folio.*

Recueil des Ordonnances des Rois de France.   55..5
Paris, de l'Imprimerie Royale, 1723 *et années
suivantes,* 15 *vol. v. b. et bas.*

N° LIV. 100 *vol. in-*12. *brochés.*

Manuel des Curieux et des Amateurs de l'Art,   20.
par Huber. *Paris,* 1797, 9 *vol.*

Essai historique sur Platon, par Combes-Dounous.   2..50
Paris, 1809, 2 *vol.*

Variétés littéraires. *Paris,* 1770, 4 *vol.* = Essais   4..95
de critique, par Clément. *Paris,* 1785, 2 *vol.*
= Anecdotes littéraires. *La Haye,* 1757, 3 *vol.*

Observations sur l'Histoire de France de Velly,   3..
par Gaillard. *Paris,* 1806, 4 *vol.*

Histoire littéraire des Troubadours, par Millot.   2..5
Paris, 1774, 3 *vol.*

Les Leçons de la Nature. *Paris,* 1801, 4 *vol.*   3..55

Voyage dans l'intérieur de la Hollande en 1807.   2..3.
Amst. 3 *vol. fig.*

Histoire naturelle de l'Air et des Météores, par   3.
l'abbé Richard. *Paris,* 1770, 10 *vol.*

Roland Furieux, trad. par de Tressan. *Paris,* 1780,   4.
4 *vol.*

Lettres écrites de Suisse, d'Italie, en 1776, etc.   3..50
Amst. 1780, 6 *vol.*

Le comte de Valmont. *Paris,* 1807, 6 *vol.*   7..60

Vies des Surintendans des Finances. *Paris*, 1790, 3 *vol.*

Œuvres de Piron. *Troyes, an VIII*, 9 *vol.*

M. Nicolas, ou le Cœur humain dévoilé. 1794, 8 *vol. fig.*

Les Nuits de Paris. 1788, 14 *vol.* = La Paysanne Pervertie. *Paris*, 1786, 4 *vol.*

N° LV. 93 *vol. petit in-8. et in-12. brochés*, dont :

Dictionnaire de la France. *Paris*, 1771, 6 *vol. petit in-8.*

Abrégé chronologique de l'Histoire de France, par le pres. Hénault, avec la continuation. *Paris*, 1788, 5 *vol. pet. in-8.*

Ordonnance pour l'exercice de la cavalerie. *Paris*, 1815, 2 *vol. fig.*

Souvenirs d'un Voyage en Livonie, par Kotzbue. *Paris*, 1806, 4 *vol.*

Description des Treize Cantons Suisses. *Paris*, 1804, 4 *vol.*

Lettres de madame de Sévigné, publiées par Grouvelle. *Paris*, 1806, 11 *vol.*

Principes de Littérature, par Batteux. *Lyon*, 1802, 6 *vol.*

Précis d'Histoire universelle, par Anquetil. *Paris*, 1801, 12 *vol.*

Dictionnaire françois et espagnol, par Gattel. *Paris*, 1798, 2 *vol. pet. in-8.*

Les Vies des Hommes illustres de Plutarque, trad. par Dacier. *Lyon*, 1803, 14 *vol.*

Tableau de Paris, par Mercier. *Amst.* 1783, 12 *vol.*

N° LVI. 86 *vol. in-12. et in-18. brochés.*

Mémoires secrets de la République des Lettres, par Bachaumont. *Londres*, 1780, 36 *vol.*

Rouanne.

p.

pic.

Renou

pillet.

p.

p.

wavie l'ainé.

gregoire père

Raude

gaté chimot

ancillons

chimot.

gab. Waric

yies. Co.

abrege. of. +

gaté.

chinot.
P.
Rouanné.
idem

girod.

Rouget.

Blanc.

Blanc.

clerc.

Meilhac

planche.

reclamé par m. le Duc de la Rochefoucault.

Marié L'ainé.

Brunard.

pic.

Lefébure

Œuvres complètes de Fréret. *Paris*, 1796, 20 *vol.* 8 - 35

Œuvres de Florian. *Paris*, *Renouard*, 15 *vol.* *fig.* 17 - 50

Œuvres de Molière. *Lyon*, an *VII*, 8 *vol. fig.* 4 - 25

Voyage d'Anacharsis en Grèce. *Paris*, an *XII*, 7 *vol. in-18, et atlas in-4.* 12 - 20

N° LVII. 58 *vol. in-8. brochés et reliés*, dont :

Géographie ancienne comparée à la moderne, par le père Romain Joly. *Paris*, 1801, 2 *vol. et atlas in-4.* 4 - 25

Législation militaire, par Berriat. *Alexandrie*, 1812, 5 *vol.* 24 - 95

Des Signes, par de Gerando. *Paris*, an *VIII*, 4 *vol.* 26

De la Génération des Connoissances humaines, par le même. *Paris*, an *XI*, 3 *vol.* 18 - 5

Grammaire des Grammaires, par Girault Duvivier. *Paris*, 1812, 2 *vol.* 4 - 50

Histoire des Arbres et Arbrisseaux qui peuvent se cultiver en France, par Des Fontaines. *Paris*, 1809, 2 *vol.* 5 - 65

Lettres d'Euler à une princesse d'Allemagne. *Paris*, 1787, 3 *vol. dem. rel.* 4 - 30

Archives littéraires de l'Europe. *Paris*, 1804, 9 *vol cart.*

Histoire de l'Art chez les Anciens, par Winckelmann. *Paris*, 1789, 3 *vol.* 8 - 5

N° LVIII. 29 *vol. in-4.* dont :

Historia Philosophiæ, auct. Th. Stanleio. *Lipsiæ*, 1711, *v. b.* 3 - 45

Bruckeri Historia critica Philosophiæ. *Lipsiæ*, 1767, 6 *vol. v. m.* 55 - 5

De l'Attaque des Places, par de Vauban. *La Haye*, 1737, *fig. v. m.* 2

4 - - 5   L'Esprit des Lois de la Tactique. *La Haye*, 1762. *v. m.* = Le Parfait Ingénieur françois, par Deidier. *Paris*, 1757, 1 *vol. fig. v. m.*

15 - 95   Abrégé de la Vie des Peintres, par d'Argenville. *Paris*, 1745, 3 *vol. fig. v. m.*

23 - - 5   Dictionnaire de l'Académie françoise. *Paris*, l'an *VII*, 2 *vol. bas.*

10 - - -   De l'Exploitation des Bois, par Duhamel Du Monceau. *Paris*, 1764, 2 *vol. v. m. et br. fig.*

N° LIX. 46 vol. in-4. et in-8. dont :

7 - - 5   { Museum italicum, auct. Mabillon. *Parisiis*, 1687, 2 *vol. in-4. v. f.*

Diarium italicum, auct. Montfaucon. *Parisiis*, 1702, *in-4. v. b.*

3 - - -   { Bruckeri Institutiones Historiæ philosophicæ. *Lipsiæ*, 1756, *in-8. v. m.*

Buxtorfi Lexicon hebraicum. *Basileæ*, 1676, *in-8. v. b.*

2 - 50   De Amoribus Pancharitis et Zoroæ Poema, auct. Petit-Radel. *Parisiis*, an *VI*, *in-8. m. r.*

3 - 60   Summa Historiæ Gallo-Francicæ, auct. Lorenz. *Argentorati*, 1790, 4 *vol. in-8. br.*

2 - 50   { Adriani Kluit Historia fœderum Belgii fœderati. *Lugd. Bat.* 1790, 3 *vol. in-8. br.*

R. Spielmann Institutiones materiæ medicæ. *Argentor.* 1784, *in-8. br.*

N° LX. 30 vol. in-8.

20 - -   Discours sur l'Histoire de France, par Moreau. *Paris*, 1777, 21 *vol. br.*

59 - 5   Recueil de Traités de paix, par Martens. *Gottingue*, 1791, 9 *vol. br.*

brunaud.

pierre
brunaud.

gregoire fils.

pic.

pouplin

idem

p.   Deux exemplaires.

pouplin

nozeran

gab. wari

Me De St morys.

Marié ainé

Martin

Le febure

Marié ainé

pouplin

Me De St morys.

les trois ... les tachis de provenance   girod.
                                    Me De St morys.

avec un titre manuscrit   Marié ainé.
                                     idem

                                     idem

                                     idem

N° LXI. 57 *vol. in-8. reliés.*

Johnson's english Dictionary. *London*, 1790,
2 *vol. v. b.*   8 -- 95

London and its environs described. *London*,
1761, 6 *vol. fig. v. j.*   19 -- 50.

A Collection of all the Treaties of peace, al-
liance, etc. betwen Great - Britain, and other
powers, by Jenkinson. *London*, 1785, 3 *vol.*
v. j.   9 -- 10.

Elements of general History, by Millot. *Salem*,
1796, 5 *vol. v. rac.*   6 -- 5.

The Handmaid to the Arts. *London*, 1764, 2 *vol.*
dem. rel.   5 -- 10.

A new Voyage to Italy, by Misson. *London*, 1739,
4 *vol. fig. v. rac.*   10

Essays on the intellectuels powers of man, by Th.
Reid. *Dublin*, 1786, 2 *vol. v. j.* = An Inquiry
into the human mind, by the same. *Glasgow*,
1804, *v. j.*   29 -- 95

Essays on Phisiognomy, by C. Lavater. *London*,
1789, 3 *vol. fig. dem. rel.*   8.

Smollett's History of England. *Basil*, 1794,
8 *vol. bas.*   35.

— The same. *London*, 1758, 5 *vol. dem. rel.* _   16 -- 95.

The Works of Josua Reynolds. *London*, 1809,
3 *vol. v. rac.*   10 -- 5.

Hume's Essays on several subjects. *London*, 1767,
2 *vol. v. b.* = An Essay concerning human
understanding, by J. Locke. *London*, 1748,
2 *vol. v. b.*   11 -- 5.

Statical Essays, by Steph. Hales. *London*, 1738,
2 *vol. v. b.*

Essays on Poetry and Music, by J. Beattie. *London*,
1779, *bas.* = Three Treatises concerning art,
music, painting, etc. *London*, 1744, *bas.*   7.

Specimens of the early english Poets. *London*, 1790, *v. j.*

N° LXII. 87 *vol. in-8. brochés.*

The Works of Edw. Gibbon. *Basil*, 1796, 7 *vol.*

Smith's Inquiry on the Wealth of Nations. *Basil*, 1801, 4 *vol.* = Essays on philosophical subjects. *Basil*, 1799. = The Theory of moral sentiments. *Basil*, 1793, 2 *vol.*

Robertson's History of America. *London*, 1803, 4 *vol.*

The annual Register, for the years 1808 — 1812. 5 *vol.*

Blair's Lectures on Rhetoric. *Basil*, 1802, 3 *vol.*

Home's Elements of Criticism. *Basil*, 1795, 3 *vol.*

Locke's Essay on human understanding. *London*, 1796, 2 *vol.*

The History of the Rise and Progress of the Abolition of the African Slave trade, by Clarkson. *London*, 1808, 2 *vol.*

Robertson's History of the reign of the emperor Charles V. *Basil*, 1793, 4 *vol.*

Stuart's political Economy. *Basil*, 1796, 5 *vol.*

Essays on the Nature and principles of taste. *Edinburgh*, 1812, 2 *vol.*

The life of Lorenzo de Medici. *Basil*, 1799, 4 *vol.*

Home's Sketches on the History of man. *Basil*, 1796, 4 *vol.*

The Plays of Will. Shakespeare. *London*, 1796, 8 *vol.*

The Spectator. *London*, 1799, 8 *vol.*

Hume's History of England. *Basil*, 1789, 12 *vol.*

N° XLIII. 21 *vol. in-4. et in-8.*

The State of the prisons in England and Wales, by J. Howard. *London*, 1792, *in-4. fig. cart.*

Warée ainé.

Mc Destmorys.
Lefebure.
Mc Destmorys.

Warée ainé.
pillet
truchy
Warée ainé.

Mc Destmorys.
Martin
Warée ainé.
ancillon
Warée ainé.
Mc Destmorys.
Warée ainé.
Mc Destmorys.

Warée ainé.

the annual. of. 7

~~analytical~~ C.

an essay. C.

Mc de St morys.

Marie ainé,

idem.

idem

Lefebure

~~Lefebure~~ Marie l'ainé

Fruchy.

Marie ainé

Mc de St morys.

Marie ainé.

Marie ainé

idem

idem

An Account of principal Lazarettos in Europe, by the same. *London*, 1791, *in-4. fig. cart.*

Lectures on History and general Policy, by J. Priestley. *Birmingham*, 1788, *in-4. v. j.*

Essays on the active powers of man, by Th. Reid. *Edinburgh*, 1788, *in-4. v. r.*

Elements of the philosophy of the human mind, by Dugald Stewart. *Edinburg*, 1814, *in-4. cart. Le tome second.*

Grammigraphia, or the grammar of drawing, by Will. Robson. *London*, 1799, *in-4. cart.*

Rona, a Poem, by J. Ogilvie. *London*, 1777, *in-4. br.*

Travels through Sweden, Finland, etc. by J. Acerbi. *London*, 1802, 2 *vol. in-4. fig. cart.*

A natural History of Ireland. *Dublin*, 1755, *in-fol. fig. v. b.*

A comparative View of the french and english Nations, by J. Andrews. *London*, 1785, *in-8. cart.*

An Analytical Inquiry into the principles of taste, by Rich. Payne. *London*, 1808, *in-8. cart.*

An Essay on the picturesque as compared with the sublime and beautiful, by U. Price. *London*, 1796, *in-8. cart.*

Letters to a young Gentleman on his setting out for France, by J. Andrews. *London*, 1784, *in-8. br.*

N° LXIV. 43 *vol. in-*12. dont :

Old Ballads historical and narrative, by Th. Evans. 1784, 4 *vol. v. j.*

Essays moral and litterary, by V. Knox. *London*, 1786, 2 *vol. bas.*

Fashionable involvements, a novel, by Mrs Gunning. *London*, 1800, 3 *vol. cart.* = Louisa or the cottage in the moor. *Paris*, 1787, 2 tom. en 1 *vol. bas.*

3 . . 5 The Works of Virgil, translated into english verse, by J. Trapp. *London*, 1735, 3 *vol. in-12. bas.*

7 - - - The poetical Works of J. Milton. *Dublin*, 1748, 2 *vol. in-12. v. m.* = Miscellaneous Works in verse and prose, by J. Addisson. *London*, 1753, 3 *vol. v. b.*

2 - 95 The History of his own time, by Mat. Prior. *Dublin*, 1740, 2 *vol. v. b.*

N° LXV. 35 *vol. in-fol. in-4. et in-8. Manuscrits sur papier*, dont :

40 - - Histoire ecclésiastique et civile de Beauvais, et du Beauvoisis, par Hermant. 5 *vol. in-fol. v. m.*

11 95 Mémoire du sieur Michel sur le voyage qu'il a fait en Perse en qualité d'envoyé extraordinaire de S. M. dans les années 1706 à 1709. *in-fol. parch. contenant* 248 *pages.*

2 - - Histoire des Campagnes du roi de Prusse pendant les années 1756 à 1780. *in-fol. parch.*

54 95 Collection de Contes anciens et Romans en vers, copiés d'après des Manuscrits anciens du XIII⁰ siècle. 4 *vol. in-folio, dem. rel.*

Ces 4 volumes sont d'une jolie écriture moderne.

24 - - - Fabliaux, Contes et Nouvelles copiées fidèlement d'après le Manuscrit du XIII⁰ siècle, de la Biliothéque de Sainte-Geneviève. 1739, 4 *vol. in-4. v. m.*

6 - - Mémoires pour servir à l'Histoire de la vie et des actions de Jean Sobieski, roi de Pologne. 3 *vol. in-4. v. f.*

26 - - Anecdotes de la cour de Russie, sous les règnes de Pierre I⁰ʳ, et de sa seconde femme Catherine, par le sieur Villebois, chef d'escadre de

Warié ainé.

idem

Le febvre "

histoire. dry. Rol.

. pouplin

collection. guil.

Noyez.

pouplin

15 cartes — — — — — — 7..5 .   Rollin
16 cartes — — — — 12..55   pauplin
7 idem — — — 17 — — —   pauway.
                 36. 60

Brunard

crozet.

p.

pouplin

Brunard

idem

p.

pouplin

la marine de Russie. *Petit in-4. v. éc. contenant*
188 *pages.*

On trouve en tête la note suivante : Ce Manuscrit est ori-
ginal, et n'a jamais été publié ; il n'en existe point de copie.

N° LXVI.

36 Cartes de Géographie, collées sur toile et dans
des étuis, qui seront détaillées.

N° LXVII. 11 *vol. in-folio.*

Collection d'anciennes Chartes des années 1100
et suivantes, concernant des titres de propriété
de différentes Abbayes , principalement de
celle de Chaalis, etc. 11 *vol.*

N° LXVIII. 14 *vol. in-4.* et *in-8.* dont :

Discours sur l'origine des armes. *Lyon*, 1658,
in-4. fig. v. b.
Les vrais Pourtraicts des Hommes illustres, par
Th. de Beze. 1581, *in-4. fig. parch.*
Cleri totius romanæ Ecclesiæ habitus. *Francof.*
1585, *in-4. fig. vél.*
Legenda beati Francisci a Sancto Bonaventura
edita. *Parisiis, Simon Vostre,* 1507, *pet. in-4.
goth. m. vert.*
Les anciennes et modernes Généalogies des rois
de France. *Paris, Jacques Bouchet,* 1535, *pet.
in-4. goth. fig. en bois. v. b.*
Preces piæ. *Imprimées sur Vélin. in-8. goth. m.
bl. figures en bois.*
Heures à l'usage de Paris. *Paris, Germain Har-
douyn, in-8. goth. v. b. Imprimées sur Vélin
avec miniatures.*
Preces piæ. *in-8. relié en velours cramoisi. Manuscrit gothique, sur Vélin avec des miniatures
et des ornemens en or et en couleurs.*

15--60 Preces Piæ. *in-8. v. b. Manuscrit goth. sur Vélin, avec miniatures.*

27 -- -- Preces piæ. *in-8. reliure antiquée. Manuscrit gothique sur Vélin, avec des miniatures et des ornemens peints en or et en couleurs.*

185-- -- -- Preces piæ. *in-8. m. vert, avec des fermoirs d'argent. Beau manuscrit sur Vélin avec miniatures : toutes les pages sont encadrées d'une riche bordure en or, dans lesquelles se trouvent des figures grotesques d'hommes et d'animaux.*

N° LXIX. 130 *vol. in-4. in-8. et in-12. en Allemand, reliés et brochés*, dont :

2--5 Tables généalogiques d'Hubner. *Leipzig*, 1737, *in-4. obl. cart.* Topographie des Pays cédés à la maison d'Autriche par la Bavière, en vertu du traité de Teschen. *Vienne*, 1779, *in-4. fig. cart.*

1--35 Description physique de la Terre, par Bergmann. *Greiswald*, 1780, 2 *vol. pet. in-4. cart.*

20 -- Histoire des Allemands, par M. J. Schmidt. *Ulm*, 1785—86, 9 *vol. in-12. dem. rel.*

1--50 Sermons de Mosheim sur la vérité de la Doctrine de J. C. *Hambourg*, 1765, 3 *vol. in-8. bas.*

7-- 5 Œuvres de Bürger. *Goettingue*, 1796—97, 3 *vol. pet. in-12 dem. rel.* == Histoire des Abdéritains, par Wieland. *Leipzig*, 1781, 2 *vol. in-12 v. m.*

2--80 Description de Hambourg, par de Hess. *Hambourg*, 1796, 3 *vol. pet. in-8. dem. rel.* Histoire de Gustave III, par Posselt. *Carlsruhe*, 1780, *in-8. dem. rel.*== Histoire de la Nation suédoise, par Botins. *Riga*, 1767, *pet. in-8. v. m.*

9--95 Description géographique de la Monarchie prussienne, par Léonhardi. *Halle*, 1791 à 94, 3 *tom. en* 4 *vol. pet. in-8. dem. rel.*

Barthélemy

idem

idem

Rollin

idem

pillet.

Warée ainé.

idem.

Rollin

description. C.

Contes. C.
Manuel. C.

pillet.

pillet.

pouplin

rouanne.

pillet.

girod.

Rollin

Contes du temps passé, par Veit Weber. *Francfort*,
 1792 à 98, 7 *vol. pet. in-8. v. rac.*
Manuel généalogique des Empires et des Etats.
 Francfort, 1805, 2 *vol. in-8. dem. rel.*
Dictionnaire géographique de la Bavière. *Ulm*,
 1796—97, 3 *vol. in-8. dem. rel.*
Dictionnaire géographique de la Souabe. *Ulm*,
 1800, 2 *vol. in-8. cart.*
Satires de Rabener. *Francfort*, 1764, 4 *tom. en*
 3 *vol. in-12. cart.*
Le nouvel Amadis. *Leipzig*, 1771, 2 *vol. in-8. br.*
Histoire de l'empire d'Allemagne, par Pütter.
 Goettingue, 1788, 3 *vol. in-8. br.*
Mélanges de physique et d'Histoire naturelle, par
 divers auteurs. *Leipzig*, 1779, 2 *vol. in-8. br.*
Science forestière de Gleditsch. *Berlin*, 1775,
 2 *vol. in-8. br.*
Description des Curiosités historiques et natu-
 relles du canton de Bâle. *Bâle*, 1748, 16 *vol.*
 in-8. fig. cart.

FIN.

EXTRAIT

DU CATALOGUE DES LIVRES DE FONDS

DE LA Librairie de DE BURÉ Frères.

Recherches historiques et critiques sur les Mystères du Paganisme, par M. le baron de Sainte-Croix. Seconde Édition, revue et corrigée, par M. le baron Silvestre de Sacy. Dédiée au Roi. *Paris*, 1817, *2 vol. in-8.* avec deux Planches gravées en taille-douce, *prix brochés.* . 15 fr.

— Les mêmes, en Pap. Vélin. . . . . 30 fr.

Liste des Prix de la Vente de la Bibliothèque de M. de Mac-Carthy, faite du 26 janvier au 6 mai 1817. *In-8. br.* 2 fr.

— La même, en Gr. Papier. . . . . 5. f.

Avec le Catalogue, disposé et mis en ordre par les mêmes Libraires. *Paris*, 1815, *2 vol. in-8.* . . . . 14 f.

— Et en Gr. Papier d'Annonay, cartonné en 3 vol. 55 fr.

Testament de Louis XVI, et Lettre de Marie-Antoinette d'Autriche, reine de France. *Paris*, *de l'Impr. royale*, 1817, *1 vol. in-fol.* impr. sur Gr. Raisin, *br. en cart.* 4 fr. 50. c.
Cette édition est faite pour le service de Saint-Denis et des chapelles royales.

Essai sur les Mystères d'Éleusis, par M. Ouvaroff; 3ᵉ édition. *Paris*, *Impr. royale*, 1816, *in-8. br.* . . . . . 3 fr.

— Le même, en Papier Vélin. . . . . 6 fr.

Calila et Dimna, ou Fables de Bidpay, en arabe, précédées d'un Mémoire sur l'origine de ce livre, et suivies de la Moallaka de Lebid, en arabe et en français, par M. Silvestre de Sacy. *Paris*, *Impr. royale*, 1816, *in-4. br.* . . 20 fr.

— Le même ouvrage, en Pap. Vélin, *br.* . . . . . . 35 fr.

Contes et Fables indiennes de Bidpay et de Lokman, trad. du turc, par Cardonne. *Paris*, 1778, *3 vol. in-12, br.* 7 fr. 50 c.

Grammaire arabe, par M. Silvestre de Sacy. *Paris*, 1810, *2 vol. grand in-8. fig. br.* . . . . 24 fr.

— La même, en Pap. Vélin, cartonnée. . . . . . . 48 fr.

Chrestomathie arabe, en arabe et en français, par le même. *Paris*, 1806, *3 vol. in-8. br.* . . . . 36 fr.

Mémoires sur diverses Antiquités de la Perse, par le même. *Paris*, 1793, *in-4. fig. br.* . . . . 15 fr.

Description de l'Égypte, publiée par ordre du Gouvernement. *In-fol. atlant.* Première livraison, contenant 170 planches. . . . . 750 fr.

— La même, deuxième livraison. . . . . 1200 fr.

— Les deux mêmes livraisons, Pap. Vélin. . . . . . 3000 fr.
La troisième livraison sera divisée en deux Parties, d'environ 200 planches chacune. La première ne tardera pas à être publiée.

Contes turcs, en langue turque, extraits du roman intitulé : *les Quarante Visirs*, par Belletête. *Paris, 1812, in-4.* broché. . . . . 8 fr.

Recherches sur la Géographie systématique et positive des Anciens, par M. Gossellin. *Paris, 1813, tomes 3 et 4,* grand *in-4. br.* . . . . 42 fr.

— Les mêmes, avec les deux premiers volumes. . . 75 fr.
— Les mêmes, avec la Géographie des Grecs. 5 *vol.* 96 fr.

Le Jupiter olympien, ou l'Art de la Sculpture antique en or et en ivoire, par M. Quatremère de Quincy. *Grand in-fol. figures, br. en cart.* . . . . , . . 200 fr.

— Le même, sur Pap. Vélin, dont il n'a été tiré que 10 exemplaires. . . . . 400 fr.

Bibliographie instructive, ou Traité de la Connoissance des Livres rares et curieux, par G. F. De Bure le jeune. *Paris,* 1763, 7 *vol. in-8. br.* . . . . 48 fr.

— La même, avec le Catalogue de Gaignat. 9 *vol. in-4. Grand Pap. br.* . . . . 170 fr.

Catalogue des Livres rares et précieux de la Bibliothèque de M. le duc de la Vallière, par Guill. De Bure l'ainé. *Paris,* 1783, 3 *vol. in-8. br. avec les prix imprimés.* . . 18 fr.

— Le même, en Grand Papier, *br. en* 6 *vol.* . . . 36 fr.

Collection des Moralistes anciens, dédiée au Roi. *Paris, de l'impr. de Didot l'aîné,* 16 *vol. in-18. pap. d'Annonay et Pap. Vél. br.* . . . . 48 fr.

— La même, 16 *vol. pap. ordinaire.* . . . . 24 fr.

Cyropédie, trad. du grec de Xénophon par M. Dacier. *Paris,* 1777, 2 *vol. in-12. br.* . . . . , , ... 5 fr.

Expédition de Cyrus, trad. du grec de Xénophon par M. Larcher. *Paris* 1778, 2 *vol. in-12. br.* . . . . 5 fr.

Dictionnaire économique, contenant l'Art de faire valoir les Terres, le Jardinage, etc. par Chomel. *Paris, 1767, 3 vol. in-fol. br.* . . . . 48 fr.

La France sous les cinq premiers Valois, ou Histoire de France depuis l'avènement de Philippe de Valois jusqu'à la mort de Charles VII, par M. Levesque. *Paris*, 1789, *4 vol. in-12. br.* . . . . 10 fr.

Histoire d'Hérodote, trad. du grec par M. Larcher. *Paris*, 1802 9 *vol. in-8. br.* . . . . 60 fr.

— La même Histoire, 9 *vol. in-4. Pap. Vél. br.* . . 240 fr.

Manuel de Médecine pratique, par M. Geoffroy. *Paris*, 1800, 2 *vol in-8. br.* . . . . 6 fr.

Manuel des Dames de Charité, par Arnault de Nobleville. *Paris*, 1765, *in-12. br.* . . . . 2 fr. 50 c.

Histoire de l'Astronomie ancienne et de l'Astronomie moderne, par Bailly. *Paris*, 1781 et 1785, *4 vol. in-4. brochés.* . . . . 56 fr.

Lettres sur l'origine des Sciences, par le même. *Paris*, 1777, *in-8. br.* . . . . 2 fr. 50 c.

Lettres sur l'Atlantide de Platon, par le même. *Paris*, 1805, *in-8. br.* . . . . 4 fr.

Discours et Mémoires contenant les éloges de Charles V., de Corneille, de Molière, etc. par le même. *Paris*, 1790, 2 *vol. in-8. br.* . . . . 9 fr.

Œuvres complettes de Pothier, édition originale. *Paris*, 1781 *et années suivantes, 8 vol. in-4. en feuilles.* . . . . 80 fr.

Œuvres posthumes du même, avec la Coutume d'Orléans. 4 *vol. in-4. en feuilles.* . . . . 45 fr.

Œuvres posthumes du même. 3 *vol. in-4. br.* . . . 36 fr.

— Les mêmes, les tomes 1 et 2 seulement. . . . . . 20 fr.

Tablettes chronologiques de l'Histoire universelle sacrée et profane, depuis la création du monde jusqu'à l'an 1775, par Lenglet Dufresnoy. *Paris*, 1778, 2 *gros vol. in-8. brochés.* . . . . 13 fr.

Voyage en Sibérie, fait par ordre du Roi, en 1761, par l'abbé Chappe d'Auteroche. 3 *vol. très-grand in-4. ornés de 90 figures, et un Atlas de la Russie et de la Sibérie, en feuilles.* . . . . 100 fr.

Histoire et Mémoires de l'Académie royale des Inscriptions. Les tom. 47 à 50. *Paris*, 1809, 4 *vol. in-4. fig. en feuilles.* 80 fr.

———————

www.ingramcontent.com/pod-product-compliance
Ingram Content Group UK Ltd.
Pitfield, Milton Keynes, MK11 3LW, UK
UKHW022044170726
13837UKWH00002B/776